Publications de la *Société d'Études Ardennaises*

IV.

SEDAN

IL Y A CENT ANS

SECONDE PARTIE

(1793-1794)

PAR

PAUL COLLINET

PROFESSEUR AGRÉGÉ A LA FACULTÉ DE DROIT

DE L'UNIVERSITÉ DE LILLE

SEDAN

IMPRIMERIE ÉMILE LAROCHE

22, RUE GAMBETTA, 22

1899

SEDAN

IL Y A CENT ANS

SECONDE PARTIE

DU MÊME AUTEUR :

ÉTUDES SUR LA SAISIE PRIVÉE (thèse de doctorat, couronnée par la Faculté de Droit de Paris). — 1 vol. in-8°, Paris, LAROSE, 1893, 5 fr., net : 4 fr. 25.

EN ARGONNE (Apremont, Autry, Varennes). — 1 br. in-8°, Sedan, J. LAROCHE, 1893 *(épuisée)*.

NOTICE SUR LE CARTULAIRE MUNICIPAL DE MOUZON (dans la *Revue d'Ardenne et d'Argonne*, t. I, 1893-1894).

EPIGRAPHIE ARDENNAISE, en collaboration avec M. H. BOURGUIGNAT (dans la même revue, t. II-V, 1894-1898).

ÉTUDES SUR LE DROIT CELTIQUE, par M. H. D'ARBOIS DE JUBAINVILLE, membre de l'Institut, professeur au Collège de France, avec la collaboration de P. COLLINET, — 2 vol. in-8°, Paris, FONTEMOING, 1895-1896, 16 fr.

etc., etc.

Publications de la *Société d'Etudes Ardennaises*
IV.

SEDAN
IL Y A CENT ANS

SECONDE PARTIE

(1793-1794)

PAR

PAUL COLLINET

PROFESSEUR AGRÉGÉ A LA FACULTÉ DE DROIT
DE L'UNIVERSITÉ DE LILLE

SEDAN
IMPRIMERIE ÉMILE LAROCHE
22, RUE GAMBETTA, 22

1899

I

MÉMOIRES SUR LA PLACE DE SEDAN (1)

Le château est d'une construction antérieure à l'invention de la poudre à canon.

Il est flanqué de quatre grands bastions bâtis sous la conduite d'Erard de Bar-le-Duc, ingénieur sous Henri IV.

1° Au nord, le bastion Fourchu.

2° Au couchant, le bastion du Gouverneur.

3° Au midi, le bastion dit des Dames.

4° Au levant, le bastion dit du Roi.

Au nord est encore situé un ouvrage fort irrégulier dit le Fer-à-Cheval.

Ce château renferme beaucoup de souterrains, dont je ne puis parler n'ayant pas assez de connaissances.

De plus, il communique aux quatre bastions par des conduits souterrains qui sont en bon état,

(1) Le rapport qui suit est dû à une commission nommée le 26 janvier 1793 en exécution d'une lettre du ministre de la guerre, et composée des officiers municipaux Oudin, Chaussel, Lavigne et des membres du Conseil général de la commune Patez, Pailla-Godet et Olin. Il est conservé aux Archives communales de Sedan, série H, art. 71. — « Les notes émargées de ce mémoire d'une écriture différente sont du citoyen LA LUSTIÈRE, ingénieur en chef de la Place, qui a employé l'année dernière tout ce qu'il avait de bras et de fonds à sa disposition aux réparations les plus urgentes et les plus essentielles. » (Note du ms.) — Nous mettons ces notes au bas des pages. (Note de P. C.)

autant que je pense, parce qu'on a travaillé à ces communications depuis peu.

Le château est en état de défense.

La ville entoure le château jusqu'aux trois quarts.

Son enceinte consiste en ce qui suit :

1° Bastion du Fer-à-Cheval.

2° Bastion de Sillery (1).

3° Bastion du Moulin.

4° Un demi-bastion faisant partie de l'ouvrage à corne, dit de Soissons, bâti en 1640, réuni à la ville en 1768.

5° Bastion de la Piquerie. Ce bastion fait avec le demi-bastion ci-dessus un angle mort, mais cet angle est couvert par la Meuse et l'inondation.

6° Le bastion dit de Bourbon.

7° Le bastion de Turenne.

8° En celui de Nassau.

9° En celui de la Maquette, appelé assez improprement bastion. Du bastion de la Piquerie à celui de Nassau se trouvent des Fausses-Braies, un fossé, des ouvrages avancés, tant en maçonnerie qu'en terres, un avant-fossé, le tout en bon état, les fossés recreusés depuis peu par le travail des habitants, celui des troupes, le tout inspiré par le pur amour du patriotisme.

La plupart des ouvrages de cette enceinte ont été construits en 1616 sur les dessins du chevalier de Ville. Cette enceinte consiste donc en huit bastions et demi.

Outre cette enceinte, il y a huit ouvrages à corne :

1° Celui du fauxbourg du Pont-Rouge.

2° Celui des Capucins, adossé au premier et beaucoup plus haut que lui, le tout formant un ouvrage à couronne, en bon état, réparé depuis peu en partie. L'ouvrage des Capucins est situé au nord. Le demi-bastion extrême, qui est très inté-

(1) La courtine située entre ces deux bastions est très défectueuse.

ressant, qui est le plus exposé, est vu de revers de la place de Torcy, d'où l'on pourrait démonter les batteries tournées vers la campagne, défaut qui a été remarqué par des connaisseurs.

L'ouvrage à corne des Capucins a une demi-lune. La communication de ces deux ouvrages est en mauvais état. Dans cette demi-lune est un corps de garde voûté, réparé depuis peu.

3° L'ouvrage à corne des Ecossois, qui communique au précédent qui le flanque. Cette communication a lieu par un pont jectile. Dans l'angle formé par deux ailes de chacun de ces ouvrages est une demi-lune en terre qui couvre cette communication : on en a creusé les fossés. Elle demanderait d'être rehaussée.

Vis-à-vis la courtine de cet ouvrage il y a une communication à la place d'armes du chemin couvert opposée, elle est réparée à neuf par le bas; mais le haut est très défectueux (1).

De plus la contrescarpe d'une des ailes de cet ouvrage est considérablement endommagée, et les places d'armes de ses fossés situées à leurs extrémités sont à réparer ou à construire.

4° L'ouvrage à corne du Grand-Jardin, vu des ailes de cet ouvrage est à réparer étant ruiné en partie.

La communication de cet ouvrage, qui répond à la courtine, est commencée ; une autre communication avec le chemin couvert est réparée à neuf.

Ce même ouvrage communique au château par un pont dont les piles sont existantes et par une porte de *secours*. On a pratiqué l'année dernière et la précédente dans le rocher une poterne et une levée depuis le mur extérieur jusque dans le *Château*.

5° L'ouvrage à corne de la Rochette avec une demi-lune.

Cette demi-lune et la plupart des communi-

(1) Cette communication a été entièrement réparée l'année dernière.

cations sont en mauvais état ; cependant le fossé de la demi-lune est recreusé. Observons ici que les réparations à faire sont *très conséquentes* et qu'elles sont assez importantes (1).

6° L'ouvrage à corne du Palatinat au midi, à droite de cet ouvrage, est une demi-lune flanquée par lui et par le bastion de Nassau. De plus, il est couvert par trois lunettes. La communication de ces deux lunettes était ruinée ; elle est réparée aux trois quarts.

Cet ouvrage à corne et celui des Capucins ont été construits sous les dessins et les yeux du maréchal Fabert.

7° L'ouvrage à corne du faubourg du Ménil adossé au premier avec lequel il fait un ouvrage à couronne. Ce second ouvrage à corne est beaucoup plus bas que celui du Palatinat, il est muni d'un ravelin.

Il serait peut-être à propos qu'on recreusât d'une toise ou de deux le fossé du demi-bastion de ce dernier ouvrage situé à l'est, afin qu'il défendît mieux le fossé du bastion opposé.

L'aile droite de cet ouvrage est défendue par le bastion de Turenne, il est recouvert par des ouvrages en terre et deux fossés. Tous ces fossés, ceux de la ville, les demi-lunes et ouvrages avancés vers le sud sont très bien protégés par l'inondation.

8° L'ouvrage à corne de Torcy. Cet ouvrage est protégé par l'inondation ; il a besoin de réparations qui sont peu urgentes ; en effet un canal commencé, qui en suit le front, est cause que l'on a démoli une partie de la contrescarpe du côté du nord ; ce que l'on n'a pas encore rétabli.

Cet ouvrage a une demi-lune, son aile gauche est couverte par une flèche qui protège l'inondation.

(1) Cette observation est très juste, mais nous ne sommes pas en mesure de pouvoir l'entreprendre cette année à cause du défaut de matériaux nécessaires.

Outre ces ouvrages à corne, on voit encore un ouvrage à couronne nommé d'Asfeld.

Cet ouvrage est en bon état, ayant été réparé depuis peu ainsi que les communications.

Les courtines en sont recouvertes par deux lunes en mauvais état. Ses glacis ne regagnent pas la plaine en se perdant avec elle, mais ils forment des rideaux très élevés.

Un demi-bastion de l'ouvrage ci-dessus est adossé à un front de fortification. Si ce front était continué, les faubourgs du Rivage et de la Cassine seraient entièrement couverts. Ce front vient d'être réparé. Sa contrescarpe et le chemin couvert ne sont pas achevés, mais on y travaille (1).

Tous les bastions et demi-bastions du même ouvrage sont vus en revers de la plaine de Torcy. Il est urgent de remédier à ce défaut essentiel.

Le fossé du demi-bastion nord-ouest de cet ouvrage n'est pas défendu. Pour le défendre, il conviendrait de recreuser de douze à quinze pieds ce fossé, d'élever un cavalier sur le bastion opposé du front de fortification dont nous venons de parler, bastion qui ne défend pas le fossé susdit parce qu'il est trop bas.

Ce même ouvrage est dominé très désavantageusement par la montagne de Floing, de laquelle on voit une bonne partie de la ville dans toute sa longueur.

Les commissaires pensent qu'il serait utile de s'emparer de cette position par un ouvrage situé sur cette montagne dont on se contenterait de creuser les fossés dans le rocher, là où il serait possible, le reste pourrait être fait en terre. On aurait soin de tellement abaisser le terre-plein de cet ouvrage en sorte que s'il était emporté l'ennemi ne pût s'y loger que difficilement.

(1) L'ouvrage d'Asfeld communique à la demi-lune du fort des Capucins, mais cette communication est encore délabrée : au surplus il y a encore une autre communication qui est une rampe très solide, ayant son issue dans le faubourg de la Cassine.

De plus le fauxbourg du Rivage en partie, celui de la Cassine en entier sont couverts par la rivière, mais découverts à la vue. Il conviendrait de les masquer par des ouvrages en terre qui servissent en même temps à étendre, à prolonger l'inondation. Ils la protègeraient ainsi que la ville, en éloignant l'ennemi, s'il se disposait à la bombarder.

A examiner en général cette place elle est en état de défense. Elle est palissadée dans toutes ses parties excepté le front de la Cassine et quelques endroits inondés.

Le pont sur la Meuse sépare Sedan de Torcy. Le pont est en mauvais état surtout depuis l'hiver de 1783 à 1784. On n'est pas assuré que ce pont pût tenir si l'on barrait la rivière pour l'inondation et sa réparation consisterait dans la réparation de deux arches. Des personnes (le citoyen Oudin) proposent pour remédier à ce défaut de piloter autour des avant-becs, de remplir les interstices des pilots de moellons, revêtant les pilots extrêmes de madriers afin de pouvoir étager une charpente antérieure au pont qui résistât à l'impulsion des eaux accrues et pût soutenir des palles de barrage (1). Je ne puis m'empêcher de considérer que ce projet peut entraîner des inconvénients extrêmes et que, par cette raison, il est à examiner de très près avant d'être adopté.

Les moulins de Sedan sont noyés en cas d'inondation; les mêmes citoyens proposent pour les rendre utiles dans ce cas des ouvrages à faire au canal de ces moulins:

A la tête de ce canal au-dessus du pont situé à l'aile de la Corne de Soissons, que l'on établisse une digue ou un batardeau avec des palles qui donnent la faculté de n'introduire au canal qu'une quantité d'eau suffisante pour faire aller les moulins; et comme l'eau du canal de ces moulins se divise au sortir de leur voûte en deux branches,

(1) Si la masse du pont n'était pas suffisante pour résister, tout cet appareil que l'on propose résistera-t-il ?

ils proposent de construire une digue pour empêcher la rivière accrue par le barrage d'affluer dans ces deux branches. Ce projet est beau, ingénieux, mais il doit être déféré aux personnes de l'art pour y penser mûrement (1).

Outre le pont sur la Meuse, il y en a un de plusieurs arches sous lequel les eaux passent en cas d'inondation. Les dégradations que les eaux commettent en aval, lorsque l'on barre la Meuse, pourraient miner les fondations de ce pont et le détruire (2).

Pour la communication de la ville et de ses faubourgs du Rivage et de la Cassine il y a un pont en bois qui devient défectueux et qui est par conséquent à réparer (3).

Tel est le rapport de Sedan au génie militaire.

***

Examinons la partie d'artillerie.

Sedan a quatre magasins à poudre dont trois presque pleins, et un quatrième supplémentaire humide, il est vide et moindre que chacun des autres. Ces magasins peuvent contenir 250.000 livres ou 300.000 livres de poudre. Lors de la visite il en existait 219.000 livres.

Il y a 40.000 boulets de toutes espèces dont les calibres sont à vérifier. Il existait 70.000 livres de plomb.

(1) Il a été présenté au ministère de la guerre un projet en 1785 qui ne laisse rien à désirer sur cet objet, en 1787 il a été adopté par le département des finances dont le concours était nécessaire pour fournir les fonds, les circonstances actuelles, ne permettent pas de s'en occuper, il faut attendre le retour de la paix. Les commissaires de la Municipalité observent qu'il est pressant d'aviser à des moulins quelconques de supplément pour obvier à l'effet de l'inondation qui noyerait les moulins actuels.

(2) Cet article concerne l'Administration des Ponts et Chaussées qui est chargée de cet entretien.

(3) Le pont est à la charge de la ville ; la ville manque absolument de fonds.

Mais il est à remarquer que la quantité de poudre ci-dessus déjà insuffisante par elle-même, diminue tous les jours, ainsi que le plomb et les boulets par l'envoi continuel des cartouches et des gargousses aux armées voisines.

Que la quantité de plomb n'est que la moitié de celle qui serait nécessaire.

Il y a donc la quantité de boulets, quelques-uns de rebut. Au lieu de les céder à vil prix aux forges où on les refond, les citoyens Poncelet de Sedan, ouvriers très adroits à façonner le fer, surtout dans le grand, offrent de les réduire au calibre à bon compte.

Les voûtes des magasins à poudre n'ont que quatre pieds et demi d'épaisseur, cela nous paraît trop faible pour résister à la bombe. Oczakow est un terrible exemple à cet égard (1).

Le bastion de la Maquette contient un magasin à poudre. Le citoyen Paris, officier d'artillerie, a observé que ce magasin pouvait être aperçu du dehors. Le Conseil de guerre a pris la résolution de le faire masquer (2).

Les magasins d'artillerie nous paraissent bien pourvus, excepté quelques artifices peu en usage, tels que la thérébentine, l'huile de pétrole, rien ne paraît manquer, et ce qu'il y a est dans le plus grand ordre. Il y a quantité de bombes et d'obus, il serait utile de les calibrer.

L'artillerie est d'environ 70 bouches à feu, des pièces de 24 ou de longue portée seraient à désirer en cas que l'ennemi voulût bombarder la ville avec des mortiers à longue portée ; huit ou dix pièces de 4, des pièces de 2 et de 1 en grand nombre

(1) Dans le dernier siège de Landcau, 64 bombes sont tombées sur un magasin à poudre qui n'avait pas à beaucoup près cette épaisseur de voûte.

(2) Il y a peu de places de guerre où le sommet des magasins à poudre ne soit vu du dehors, mais pour ôter toute crainte on pourra y faire un épaulement.

La Municipalité de Sedan désire que cet épaulement se fasse le plus tôt possible, et masque ce magasin à poudre de toutes parts.

seraient utiles, tant pour les ouvrages extérieurs que pour le camp retranché et les sorties que l'on pourrait faire (1).

Le château contient de vastes et amples magasins pour l'artillerie, cependant ils ne sont pas suffisants.

Cette insuffisance est telle, que l'on a été obligé de loger, dans un endroit humide mais sûr, des bombes chargées garnies de leurs fusées. Il n'est pas douteux que la poudre et les fusées ne dépérissent.

Le citoyen Edouin, capitaine d'artillerie, a formé le projet de former un nouveau magasin sur une place située entre les bastions dits de Bourbon et de la Piquerie (2).

D'autres citoyens projettent de le construire dans la gorge du second bastion. Ce second emplacement, s'il est suffisant, est très convenable pour la sûreté.

Le même citoyen Edouin a encore proposé de clore d'une palissade le bastion de Turenne, proposition d'autant plus recevable, que ce bastion renferme un magasin à poudre et un parc d'artillerie (3).

Il est très essentiel de remarquer encore que l'arsenal est peu fourni ; il n'y a que 1.500 fusils environ, il en faudrait ajouter 6.000 pour le moins. Voilà ce que nous avons de plus important à remarquer sur l'artillerie.

*
* *

Sera-t-il permis à un homme qui jamais n'a fait la guerre, de présenter quelques idées et de les soumettre aux connaisseurs.

(1) Sans s'embarrasser de l'artillerie de la place, l'ennemi peut établir ses mortiers à demi-portée dès les premiers jours du siège sans qu'on puisse l'inquiéter, mais cet avantage ne le méneroit pas loin.

(2) Cet emplacement n'est pas le plus sûr qu'on pourrait choisir. — C'est la place Verte actuelle. (Note de P. C.)

(3) C'est une bonne précaution : adhésion.

Ces idées sont relatives aux moyens qu'une place assiégée peut employer pour tenir l'ennemi éloigné de ses murs le plus longtemps possible.

On n'ignore pas la manière dont l'ennemi approche d'une place qu'il veut emporter. Il forme une tranchée, dont aucun boyau ne peut être enfilé de la place, autrement l'assiégé inquiète facilement l'ennemi exposé à ses coups, ayant recours à un moyen que je nommerais volontiers une contre-tranchée.

L'ennemi veut-il attaquer un front de fortifications ? Il dirige ses tranchées d'après les capitales des bastions qui terminent ces fronts et ses premiers travaux indiquent son dessein.

Ne restons pas dans l'inaction ; de nuit comme lui, poussons une tranchée en avant dans la direction et sous la protection du canon. L'ennemi continuant son travail dès que le prolongement d'un boyau vient rencontrer notre tranchée, établissons-y une place d'armes, et plaçons-y de l'artillerie. Pourra-t-il s'y tenir logé ? Si à chaque branche de ces travaux il rencontre un pareil obstacle, pourra-t-il faire des progrès, pourra-t-il approcher ? Nous abandonnons ce système aux connaisseurs, ils en détermineront les avantages et inconvénients, heureux s'il peut être utile à la Patrie (1).

Je n'ai plus qu'un mot à dire sur la contre-tranchée. Toutes les redoutes paraissent bien situées en état de défense (2).

Des personnes éclairées prétendent qu'une redoute ne peut être jointe à sa voisine par un fossé ; on ne doit pas, disent ces personnes, s'enfermer dans de pareils ouvrages.

D'autres citoyens zélés pensent qu'on pourrait y faire une résistance plus opiniâtre si l'on était soutenu par un fossé et que l'on y serait moins exposé.

(1) Ce projet exigerait un plus grand développement pour pouvoir être mieux saisi.

(2) En effet, il y a de fortes raisons pour cela, que tout militaire un peu instruit de son métier, voit du premier coup d'œil.

Cette question ne pourrait être agitée par devant des guerriers connaisseurs, Il paraît que des troupes dont le flanc est protégé par des redoutes ne peuvent être attaquées de front qu'avec des avantages, et l'ennemi ne peut emporter ces redoutes, sans des pertes considérables.

Il est encore à remarquer que dans la construction des casernes de l'ouvrage à corne de Torcy, on a changé de plan lorsque les fondations étaient achevées. De là il résulte qu'à la tête de ces casernes et aux deux-tiers des ailes qu'elles forment, il y a des fondations inutiles dont on peut tirer un parti avantageux, soit pour magasins, soit pour amplification de casernes (1).

Il paraît aux commissaires municipaux, qu'une demi-lune ou autre ouvrage extérieur serait à construire devant la courtine située entre les bastions de la Maquette et de Nassau pour deux raisons : la première est l'état de dégradation dans lequel cette courtine paraît se trouver ; la seconde, que cette courtine emportée, l'ennemi serait le maître de la ville.

Le citoyen La Lustière s'occupe de cet article. Les commissaires pensent devoir à cet ingénieur la justice de reconnaître qu'il a employé ce qu'il avait de bras aux réparations les plus essentielles et les plus urgentes.

Ils ont une très grande confiance, ainsi que toute la commune, au citoyen Naulzier, commandant de la garnison. Ils le considèrent comme un guerrier très instruit, très actif ; zélé pour le service de la patrie, nécessaire à la défense de leur place.

---

(1) *Réflexions du citoyen Oudin* : Je ne me suis pas encore occupé de cet objet qui ne peut avoir d'avantage qu'autant qu'on sera en mesure de pouvoir l'exécuter.

II

ÉVÉNEMENTS POLITIQUES DE JUIN A NOVEMBRE 1793

L'arrivée à Sedan des deux nouveaux représentants à l'armée du Nord et des Ardennes, *Calès* et *Perrin*, se produisait à une époque très troublée : et loin d'éteindre les résistances, il semble que les bonnes intentions qu'ils apportaient n'aient fait que réveiller les passions et précipiter les injustices. Il importe donc de préciser, tout d'abord, l'état de notre ville en juin 1793, quand partirent leurs prédécesseurs.

I

Hentz et Sébastien Delaporte étaient à Sedan depuis le mois de février, Deville y était venu ensuite : Milhaud leur avait été adjoint par décret du 30 avril. Malade et fatigué, Hentz, le premier, demanda son rappel (5 mai), puis, par lettres des 2 et 8 juin, tous quatre firent auprès du Comité de Salut public une démarche collective qui aboutit le 21 juin, date de la dernière lettre écrite des Ardennes où ils annoncent leur prochain départ. Quelle avait été leur mission ? On peut dire qu'ils n'avaient guère songé qu'aux affaires militaires, but principal de leur envoi aux armées ; car, si leur correspondance démontre leur grande activité de ce côté, elle est muette sur le rôle politique qui incombait fatalement à tous les représentants (1).

(1) Aulard, *Recueil des actes du Comité de Salut public*, (4 vol. in 8°, Paris, Impr. Nat.), *passim*.

Cependant, l'un des derniers actes de Hentz et Delaporte fut un acte politique, dont les conséquences allaient engendrer bien des conflits. Par un arrêté du 2 juin, ils suspendaient de leurs fonctions au Conseil général de la commune, sous le prétexte de *modérantisme*, les personnes suivantes élues dans les élections partielles du 26 mai : Philippoteaux, Thilloy, Mesmer, de Villepoix, Edet, Leroy-Gilmaire et Noël-Laurent, dont les noms sont bien connus et dont il existe encore des descendants. Voici le texte même de l'arrêté (1) :

Arrêté des représentants du peuple près l'armée des Ardennes, adressé à la municipalité de Sedan.

Vu par nous représentants du peuple envoyés près l'armée des Ardennes, la pétition à nous présentée par plusieurs citoyens de la ville de Sedan, expositive qu'il paraît que parmi les citoyens qui ont été élus tout récemment en remplacement de quelques notables qui manquaient au Conseil général de la commune de Sedan, il s'en trouve plusieurs indignes de la confiance publique, et qui par leur modérantisme et leurs opinions peu révolutionnaires, entravent les opérations de la municipalité de cette ville et qu'il est important pour le Salut public que ces individus soient suspendus de leurs fonctions ;

Considérant que le reproche fait à ces particuliers appelés Philippoteaux, ex-président de l'administration du département des Ardennes, Thilloy, ci-devant membre de l'administration du district de Sedan, Mesmer, membre de l'ancien Conseil général de la commune de Sedan, Devillepoix, ex-officier municipal, Edet, colonel destitué, Le Roy-Gilmaire et Noël-Laurent, porte sur des faits graves, qu'ils ont été les chauds partisans du traître Lafayette, que plusieurs d'entre eux lui ont même prêté leur ministère dans l'affreux complot qui a mis en arrestation les commissaires de l'Assemblée législative, qu'il serait dangereux de laisser des fonctions publiques à des hommes dont la conduite passée est un garant suspect pour l'avenir, que leur présence a déjà porté le trouble dans les délibérations du Conseil général de la commune de Sedan,

Arrêtons en conséquence que les personnes ci-dessus dénommées sont suspendues de leurs fonctions au Conseil général de la commune de Sedan.

A Sedan, le 2 juin 1793, 2e de la République française.

Les représentants du peuple,
envoyés près l'armée des Ardennes :
Signé : HENTZ et SEB. DELAPORTE.

(1) *Arch. départ. des Ardennes*. L. 585.

Ce fut là le premier acte dirigé contre les modérés ; dès lors, ceux-ci furent poursuivis sans merci et plusieurs périrent sur l'échafaud (1).

*
* *

Cependant les modérés allaient avoir, un moment, la chance de leur côté, grâce à l'anarchie qui régnait au sein du Conseil général, et ils purent, pendant les mois de juillet et d'août, croire à la victoire : mais, si le parti avancé semblait perdre du terrain, abandonné qu'il était — et ouvertement, par les commissaires, il reprit bientôt conscience de sa force, et le règne de ses adversaires passa comme un éclair.

Au Conseil général, le maire, Lemoine, nommé le 30 janvier en remplacement du vicaire Gaillot, avait été assez vite reconnu comme un incapable : ayant à lutter contre Vassant, il n'était pas assez fort et ses collègues le lui faisaient bien sentir. Le 16 juin, une délibération lui défend de prendre des décisions, à lui seul, sur les pétitions, en particulier sur celles des frères Maucomble et d'Adrien qui demandaient à rentrer à Sedan (2) ; le lendemain, se disant malade, le maire ne vient pas, et il reste ainsi jusqu'au 21 : le Conseil le requiert de reprendre ses fonctions, « un mot échappé à la discussion ne pouvant l'offenser. » Mais la réquisition ne vainquit pas son entêtement, et, le 4

(1) En vertu de la loi du 17 septembre 1793, sur les *suspects*, les scellés furent posés chez Philippoteaux, Noël-Laurent, Thilloy, Louis Edet le jeune, Nicolas Gilmaire (26 septembre). (*Arch. comm. de Sedan*, série Z, art. 2). — Voir leurs pétitions de diverses dates (*ibid.* série Z, art. 1 bis.) — Sur l'arrestation d'Auclaire, de Morin et autres, voy. *ibid*, série Z, art. 3. — Les *Archives départementales* contiennent aussi des pièces intéressant les mêmes personnes ; comme il n'entre pas dans notre cadre d'étudier la politique particulière à chaque individu, nous n'y renvoyons que pour mémoire.

(2) Le Conseil, en faisant cette défense au maire, n'entendait pas pour cela rejeter la demande des Maucomble, puisque, le 14 juillet, il fit droit à leur pétition.

juillet, prononce sa déchéance : Lemoine, dit le procès-verbal de la séance, est censé avoir abdiqué, il a perdu la confiance du Conseil, il se rendra de suite à la mairie pour démissionner. Voilà où en était arrivé le professeur de seconde, qui cherchait depuis si longtemps à supplanter Gaillot ; il tombait par sa faute, il laissait le champ libre, dans de nouvelles élections, à l'avènement de Vassant.

Le rôle de Lemoine était, il est vrai, bien difficile à tenir : il circulait en ville des brochures accusant l'administration d'avoir dilapidé les deniers votés pour l'achat de grains (1) ; et le maire rejetait la faute sur trois de ses collègues, Absous, officier municipal, Villette et Bourotte, notables : ceux-ci, attaqués dans un factum, ripostèrent par une défense en règle (2), dont les termes furent approuvés par le Conseil (séance du 8 juillet), ce qui ne contribua pas peu à achever la déroute du successeur de Gaillot.

II

C'est au milieu de ces troubles municipaux et de l'abaissement des modérés qu'arrivèrent Calès et Perrin : nommés le 15 juin, ils ne furent à Sedan que le 25, étant passés, au préalable, par le département de la Marne.

Leurs faveurs paraissaient acquises au parti démonté, et ils les lui manifestèrent en ne mettant aucune opposition à la fondation d'un club nouveau, la *Société populaire des amis de la Constitution*, séant au théâtre de Stévenot, dont nous rapportons plus loin toute l'histoire. Vassant accusa

(1) La délibération du 16 juillet montre que, sans aller jusqu'à la malversation, le Conseil opérait des virements peu conciliables avec l'état précaire de la ville : pour couvrir Vassant de ses dépenses à Paris (689 liv. 5 sols), on prit 200 liv. sur la caisse des dons patriotiques, le reste étant fourni par des particuliers et à eux remboursé en mandats sur la caisse de la municipalité.

(2) Ch. Pilard, *Sedan sous la première Révolution*, 7e période.

même les représentants de l'avoir organisé, mais il est plus vraisemblable de croire qu'ils se contentèrent d'en tolérer l'institution. D'ailleurs, en présence des luttes incessantes qui naquirent de la dualité de clubs, ils furent forcés de décreter la fermeture du nouveau.

Les commissaires étaient à peine arrivés à Sedan que les troubles s'accentuèrent : la Société du collège fut, à plusieurs reprises, le théâtre de scènes violentes dont le récit nous a été conservé, et, pour comble d'ennui, voici que Custine, qu'on allait bientôt accuser de trahison (1), est envoyé à l'armée des Ardennes. Le 6 juillet, le général en chef se rend à la maison commune, les commissaires le reçoivent, et il part de nuit pour Carignan où était le camp de Kilmaine ; il paraît même que, le soir, il était pris de vin et avait peine à se tenir droit (2). L'arrivée de Custine fut le prétexte d'attaques nouvelles contre les représentants et contre les modérés : le souvenir de Lafayette et de Dumouriez n'était pas encore effacé dans l'esprit des jacobins, et après la capitulation de Mayence (23 juillet), leurs adversaires qui s'étaient retirés sous la protection de Calès et de Perrin furent accusés, encore un coup, d'être les flagorneurs de Custine, comme ils avaient été, prétendait-on, les complices des deux autres généraux.

Cependant, pris d'un courage dangereux à cette époque, profitant de l'amitié des représentants, ils allaient faire une démonstration énergique qui, peut-être, étalant au grand jour les menées terroristes, rétablirait le calme dans la ville, mais manifestation compromettante en cas d'échec et dont, aujourd'hui que nous pouvons juger, le succès aléatoire ne semblait pas compenser tous les risques courus. D'ailleurs, voici les faits.

(1) Sur le rôle de Custine dans la capitulation de Mayence, *cf.* le dernier chapitre du *Mayence* de M. A. Chuquet.

(2) Rapport de Perrin et Calès, imprimé par ordre de la Convention Nationale (Paris, Imp. Nat., s. d.), pp. 9-10. (Bibl. publ. de Sedan ; Don Cunin-Gridaine, c[on] I).

Le 14 juillet, les quatre sections avaient été réunies pour accepter la constitution de 1793 (1) : le vote fut unanimement favorable au projet, mais les citoyens, excités par les événements, se déclarèrent en permanence. Ils restèrent dans les locaux affectés à leur réunion pendant plusieurs jours, et le 18, ils rédigèrent une accusation amplement motivée sur les actes du Conseil : « Les membres du Conseil, disait en résumé la pétition à l'administration du département, pratiquent en grand le cumul interdit par les lois (2) ; ils commettent des actes d'arbitraire en suspendant cinq de leurs membres sans motif (3), en envoyant une pétition à la Convention où ils prétendent la ville entachée de fédéralisme quand l'Assemblée vient de la déclarer bien méritante ; ils dilapident les fonds publics et dépouillent la cathédrale. » La pétition ne reçut pas de solution immédiate : le Conseil général du département la renvoya au Conseil général de Sedan et, finalement, nomma commissaires enquêteurs Noblet et Baudelot, deux de ses membres, plus deux membres du district de Sedan (5 septembre) (4).

Mais les sections ne s'en tinrent pas à cette protestation. A 3 heures 1/2 de l'après-midi, les cloches de la cathédrale se mettent en branle, les tambours battent le rappel dans les rues, la foule court par les places. Le Conseil, à juste titre alarmé, se réunit en séance extraordinaire et fait venir à sa barre le sonneur Carré. Celui-ci se contente de déposer sur le bureau l'ordre de sonner pour rassembler les sections, ordre signé de Philippoteaux, A. Morin, Auclaire et d'un quatrième nom illisible. Philippoteaux ne cherche même pas à éluder toute responsabilité, puisqu'au

(1) Voy. ci-dessous « Le 14 juillet 1793. »

(2) Allusion à Lemoine qui garda un moment ses fonctions au collège.

(3) Allusion à l'arrêté, plus haut cité, du 2 juin.

(4) *Arch. départ.* L. 592.

sergent de ville, Lallemant, envoyé à la section des Sans-Culottes, il répondit que la caisse avait été battue par l'ordre « de lui parlant Philippoteaux. » Le Conseil prend alors une délibération pour prier les représentants, Massieu, Calès et Perrin d'aviser à la tranquillité de la ville, et la révolte des sections s'éteint sans grands efforts, laissant sur ses auteurs retomber une lourde charge dont, plus tard, ils auront beaucoup de peine à se disculper et dont les sauvera seul le 9 thermidor.

Le procès-verbal officiel de ces troubles nous a été conservé : nous le reproduisons en entier.

Procès-verbal de la séance extraordinaire du 18 juillet 1793.

Ce jourd'hui dix-huit juillet, l'an second de la République une et indivisible, tous les membres du Conseil général de la Commune s'étant réunis au lieu ordinaire de leurs séances, à trois heures et demie de relevée, parce qu'entendant extraordinairement sonner la cloche et battre un rappel général et voyant tous les citoyens courir çà et là dans les rues, ils ont jugé que la tranquillité publique allait être compromise par les malveillants qui depuis plusieurs jours cherchaient à jouer dans la ville le désordre et l'anarchie ;

Le citoyen Carré, sonneur, a été appelé par le Conseil général de la Commune pour lui déduire les raisons qui l'avaient déterminé à sonner, sans en prévenir l'officier municipal de permanence, dans cette circonstance extraordinaire. Etant arrivé à la maison commune, le dit citoyen Carré a remis, sur le bureau, une carte portant autorisation de sonner, à trois heures et demie, pour rassembler les sections et signée: *Philippoteaux, A. Morin, Auclaire* et terminée par une quatrième signature illisible, lesdites quatre signatures non suivies de qualification ;

Le citoyen Lallement, sergent de ville, ayant été envoyé ensuite pour s'informer par quel ordre la caisse avait été battue, a rapporté qu'étant entré dans la section dite des Sans-Culottes, le citoyen Philippoteaux lui avait répondu que c'était par l'ordre de lui parlant Philippoteaux ;

Sur quoi, le Conseil général de la commune, considérant que depuis quelques jours des malveillants ne cessent de répandre le poison de la calomnie sur sa réputation, cherchent à égarer le peuple pour le porter sans doute à violer la loi en outrageant ses organes et répandent des écrits anonymes qui ne respirent que la sédition et la guerre civile ;

Considérant en second lieu que les sections qui n'étaient réunies que pour l'acceptation de la Constitution se sont déclarées ensuite permanentes, mais ont renoncé ensuite à cette permanence en créant un comité central composé de trente-deux membres et chargé d'agir en leur nom ; que conséquemment elles ne peuvent plus se réunir que d'après une invitation du Conseil général de la Commune conformément à la loi ;

Considérant enfin que des ordres qu'il n'appartient qu'aux organes de la loi de donner, ne peuvent être intimés par de simples particuliers ;

Arrête, sur ce ouï le Procureur de la Commune,

Que connaissance officielle de la présente infraction à la loi sera donnée à l'instant aux citoyens Massieu, Calès et Perrin, représentants du Peuple, envoyés près l'armée des Ardennes, afin que dans leur sagesse ils prennent toutes les mesures qu'ils croiront nécessaires pour punir cette provocation, arrêter les funestes effets que les malveillants s'en promettent et éclairer le peuple sur les bornes de ses droits et de ses devoirs.

Fait à la maison commune en Conseil général, les jour, mois et an susdits.

(Suivent les signatures).

Le mois d'août commença et s'acheva au milieu de luttes persistantes : le 6 août, le Conseil réitère aux représentants, sans doute peu pressés de sévir contre leurs protégés, son invitation à faire respecter l'ordre troublé par les contre-révolutionnaires, et, dans la même séance, il décide « de dresser, d'accord avec Massieu, Calès et Perrin, le plan de la fête du 10 août, et d'en ordonner tout le cérémonial d'une manière digne d'un peuple régénéré par la philosophie. » De cette fête, il ne nous est resté qu'un souvenir : c'est le discours de Calès prononcé au Champ de Mars, dans ce langage prolixe qui caractérise la littérature de l'époque, discours qui eut les honneurs de l'impression (1).

Un incident marque la fin du mois. A la suite d'une discussion avec Vassant, Profinet, secrétaire du Club de la Comédie, déjà mêlé aux troubles qui avaient éclaté à la séance de la Société Jacobite le 7 juillet, se prit de querelle avec le procureur : des coups furent échangés entre les deux adversaires

(1) Brochure in 8° de 16 pp. chez Baudoin, rue Maqua, n° 260. (Bibl. publ. de Sedan : don Cunin-Gridaine, c^{on} I).

politiques et le tout se termina, d'abord devant l'officier municipal Oudin qui dressa procès-verbal des faits, et ensuite devant le juge de paix qui acquitta Profinet (1). Voici les faits contenus au procès-verbal :

« Cejourd'hui vingt août l'an second de la République françoise une et indivisible, les onze heures moins un quart du soir environ, se sont présentés à la maison commune de cette ville les citoyens Oudin, premier officier municipal, et Vassant, procureur de la commune, lesquels ont rapporté au citoyen Marcel, officier municipal de permanence, que la Société des Jacobins séante au Collège venoit d'être obligée de se dissoudre par les mouvements tumultueux excités par quelques malveillans, au nombre desquels se trouvoit le citoyen Profinet fils déjà connu pour avoir causé du trouble parmi les spectateurs de ladite Société. Ils ont en conséquence demandé au citoyen Marcel d'envoyer dire audit Profinet, se promenant alors sur la place d'Armes, de se transporter à l'instant à la maison commune avec la garde chargée de l'y conduire. Y étant arrivé, le Procureur de la commune faisant fonctions d'officier municipal de permanence, tandis que le citoyen Marcel étoit sorti pour veiller avec une patrouille au maintien de la tranquillité publique dans la ville, dit alors au citoyen Profinet les raisons pour lesquelles il étoit mandé et lui déclara que lui, procureur de la commune, seroit aux termes de la loi destitué de ses fonctions, s'il ne poursuivoit point devant les tribunaux les malveillans qui avoient aujourd'hui dissous la Société populaire. Il déclara ensuite audit Profinet qu'il le mettoit en état d'arrestation et qu'il alloit le faire descendre à la maison d'arrêt. Sur quoi ledit Profinet cria plusieurs fois qu'il n'y descendroit pas, et que rien au monde n'étoit capable de l'y faire aller. Quelques momens de résistance suivirent ces paroles, après quoi ledit Profinet s'emportant contre le Procureur de la commune se permit de le repousser d'un coup de main dans l'estomac, auquel le Procureur de la commune répondit en repoussant ledit Profinet qui, prenant ensuite son élan d'un air furieux, lança un violent coup de poing dans la poitrine du Procureur de la commune et le précipita à ses pieds, sans égard pour le *sanctuaire* de la loi et pour son *organe* exerçant ses fonctions. Lesquels faits se sont passés, en présence du citoyen Oudin, officier municipal, du citoyen Marcel qui, après s'être éloigné un instant pour commencer sa patrouille, étoit revenu attiré par le bruit, et des citoyens Laignan, caporal du poste de la maison commune, Jacques Pelléraux fils, Bourguignon fils, traiteur, Charlier, tous grenadiers de service à ladite maison commune, lesquels ont marqué ou signé avec nous après lecture faite. »

(1) L'acquittement nous est connu par une proclamation de la *Société de la Comédie* (Arch. comm. de Sedan : série Z. art. 1).

III

Les modérés se défendaient donc avec vigueur : après leur insurrection infructueuse, ils ne désarmaient pas, et ils allaient puiser encore un nouveau courage dans une manifestation spontanée des électeurs sedanais. A la différence du comité de surveillance établi le 1er mai 1793, par Deville, S. Delaporte et Hentz (1), le nouveau comité fut élu par les sections. Le dépôt du vote eut lieu le 4 septembre, et les modérés triomphèrent. Il y avait, en tout, 523 votants : 134 à la section de l'Égalité, 106 à la section de la Liberté, 58 dans celle de la République et 225 dans celle des Sans-Culottes.

Le résultat fut celui-ci (2) :

Bourguin le jeune, homme de loi........	266
Leroy-Gilmaire..........................	233
Delattre le jeune.......................	224
Bourguin l'aîné, homme de loi..........	215
Messageot..............................	210
Jacquet-Delattre	198
Coustier cadet (3)	198
Noël Laurent	165
Morin, imprimeur	154
Voelker................................	151
Adam, aubergiste	131
Louis Edet le jeune	129
Suppléants :	
Sandras-Blocteur	127
Philippoteaux..........................	113
Gérard, brasseur.......................	87
Fourier, notaire.......................	84

(1) Ce comité se composait de : *Barré* et *Haguette*, membres de l'administration du département, *Brion*, membre du district de Sedan ; *Vassant*, *Herbulot*, *Varroquier* et *Oudin*, membres du Conseil général de la Commune de Sedan ; *Jacquot-Willeme*, *Robert*, notaire, *Gérard le jeune*, tailleur, membres de la Société populaire de Sedan. (Pièce impr. 4 pp. in-4°. Trécourt, 1793).

(2) Arch. départementales, L. 585.

(3) Coustier était greffier : il démissionna et fut remplacé par Joseph Goffinet, homme de loi.

Vassant	84
Lenoir-Peyre	82
Le Marié père	78
Delattre l'aîné	75
Lafontaine, homme de loi	68
Thilloy, marchand	66

C'en était trop : les Jacobins obtiennent des représentants la dissolution du Club de la Comédie (9 septembre), acte qui fut, pour Calès et Perrin, l'occasion de montrer au grand jour leurs vrais sentiments, antipathiques à ceux qui les forçaient d'agir ainsi. Et, comme les attaques persistaient contre le Conseil général, comme le Club du collège ne se trouvait pas satisfait de la conduite des représentants, Vassant fut délégué par lui auprès de la Société des Jacobins de Paris et du Comité de Salut public « pour des mesures révolutionnaires et des objets de sûreté générale. » (11 septembre). Le 13, il partit pour ne revenir que le 11 novembre.

Pendant son absence, la Société jacobite et montagnarde ne chôma pas : elle signala aux représentants les membres du Comité de surveillance « fruit d'une cabale combinée et reconnue, ce comité dont les membres par rapport à cette cabale ont été pris dans une société qui était établie dans cette ville et qui était à très juste titre qualifiée de Société de la Vendée (1). » Elle demanda, le 20 septembre, d'accord avec le corps municipal : la suspension de Noël-Laurent et d'Edet, en raison de l'arrêté de suspension pris contre eux le 2 juin; l'option de Bourguin le jeune, Jacquet, Morin et Delattre, à cause de leur qualité d'officiers de la garde nationale; la démission des Bourguin et d'Adam-Bourguin par suite de leur parenté, celle de Jacquet-Delattre et de Delattre pour le même motif, enfin l'abstention de Voelker comme étran-

(1) Parmi les membres du Comité, se trouvaient en effet cinq membres au moins du Club de la Comédie, et quatre membres de la municipalité de 1792.

ger et agent d'un ci-devant seigneur (sans doute de M. de Ruville de Dohan) (1). La réponse ne se fit pas attendre : Bourguin l'aîné démissionna, Edet le jeune et Noël-Laurent furent exclus, Bourguin le jeune, Delattre le jeune, Messagcot, Courtier, Morin, Leroy-Gilmaire et Adam furent destitués « pour avoir été nommés par l'effet de la cabale » : il leur était d'ailleurs loisible de se représenter devant leurs électeurs (27 septembre) ; il ne restait plus au comité que Voelker (2).

***

Cette destitution en bloc prouvait que les représentants Calès et Perrin avaient eu la main forcée et qu'ils étaient trop faibles pour résister : Vassant les avait dénoncés au Comité de Salut public et avait demandé leur rappel ; ils restèrent encore le mois d'octobre, mais ne purent empêcher l'élection de Vassant à la place de maire, vacante par la démission de Lemoine. Comment donc l'ex-théatin arriva-t-il à cette fonction ?

Le 27 septembre, le Conseil général décida de procéder aux élections d'un maire, de quatorze membres de la Commune et de notables. Jamais la lutte n'avait été si chaude : on sentait partout que de cet effort dépendait la paix ou la défaite pour toujours. Les chefs des modérés, Philippoteaux, Noël-Laurent, Thilloy, Edet le jeune,

(1) Cette pièce est signée de noms connus dans nos annales révolutionnaires, Claude Girard, président, Galisset, Crin, Oudin, Varroquier fils, Figuière, Le Comte, Parpette, Némery etc... Elle est scellée du sceau de la Société des Amis de la République de Sedan (un faisceau surmonté d'un bonnet phrygien). (Arch. commun. Con K, série Z, art. 1).

Il ne nous appartient pas de réfuter les accusations portées dans cette pièce ; mais il nous sera permis de dire que les Jacobins n'étaient pas si regardants pour la nationalité quand ils prenaient pour chef Vassant Jean-Baptiste, né le 16 novembre 1765, à Villers-devant-Orval (Pays-Bas autrichiens).

(2) Le comité fut réélu au commencement d'octobre ; mais il perdit tous ses pouvoirs par la nomination d'un Comité révolutionnaire dont Vassant fut président.

Nicolas Gilmaire, Auclaire et d'autres avaient été arrêtés, d'abord chez eux sous la surveillance d'un garde national, puis ensuite transportés au Mont-Dieu ; le parti était donc en déroute, sans soutien auprès des représentants, menacés eux-mêmes, sans direction efficace, réduit à prendre comme candidat à la mairie le pasteur protestant de Villepoix. Les Jacobins n'avaient pas à leur côté leur grand *leader*, mais de Paris il devait envoyer ses ordres et faire espérer pour bientôt le rappel des « muscadins » et l'arrivée des vrais patriotes.

Il y eut au premier tour de scrutin, 1,042 votants, mais personne n'obtint la majorité : Vassant eut 390 voix, de Villepoix, 136 ; ce résultat négatif n'est pas, comme on pourrait le croire, le signe de l'indifférence des électeurs, mais c'est une sorte d'escarmouche entre avant-gardes ; la bataille décisive se livra le même jour 1er octobre. Sur 1,187 votants, Vassant recueillit 680 voix, de Villepoix, 549 ; il y avait 14 voix nulles et les autres bulletins se répartissaient sur des noms divers.

Quant aux quinze notables, on trouve parmi les élus du 5 octobre dont nous donnons la liste, un heureux mélange de deux partis ennemis.

Notables :

Saint-Pierre	185
Sandras-Blocteur	135
Servais père	121
Adam-Bourguin	95
Dalché-Jacquard	88
Alex. Halma	86
Gérard, brasseur	85
Crin, médecin	81
Mesmer, brasseur	83
Menu père	80
Emery-Blavier	74
Morin, imprimeur	74
Milard, cordonnier	72
Lamorille, tailleur	71

Le Conseil fut installé le 12 octobre. En attendant le retour de Vassant, Oudin fut nommé président du Conseil (18 brumaire an II — 8 novembre 1793) ; le maire ne se fit pas attendre, il était là le 21 brumaire : il s'était fait précéder des nouveaux représentants Hentz et Bô dont le premier était déjà connu des Sedanais, et qui allaient s'adjoindre à Massieu, en remplacement de Calès et de Perrin, rappelés par le Comité de Salut public. L'acte d'inauguration de leur mission fut la nomination d'un comité révolutionnaire (1), admirablement composé pour les aider, pendant les mois difficiles qui allaient s'ouvrir, à détruire jusque dans l'œuf tout essai de pensée libre et tout germe de modérantisme. De retour à Paris, Calès et Perrin firent rendre contre Vassant le décret d'arrestation du 30 frimaire (20 décembre), sur un rapport longuement motivé ; le maire y répondit par un factum défensif, et le décret ne fut jamais exécuté.

En revanche, Hentz, Massieu et Bô lancèrent arrêtés sur arrêtés, firent mettre les scellés et garder à vue toutes les personnes suspectes de « fayettisme » ou coupables d'avoir appartenu ou assisté au Club de la Comédie ; et bien que dénoncée seulement en prairial an II, c'est pendant les premiers mois de 1794 que se prépara l'exécution de la Municipalité avec la complicité de Mogue.

Vassant, maire, Hentz et consorts, représentants, les modérés au Mont-Dieu, les Jacobins au pinacle, la famine aux portes, tel était donc l'état de Sedan en novembre 1793.

---

(1) Ce comité était composé de : Vassant, Varroquier fils, Herbulot, La Chapelle, Parpêtre, Giraud, Boucher l'aîné, Halma père, Carabin dit le Compte, Jacob-Willème, Huart l'aîné, Simon Robert, notaire, tous membres de la Société populaire et jacobite de Sedan. (Pièce imprimée de 4 pp. in 4°; chez C. Bauduin).

III

LE 14 JUILLET 1793

La Convention nationale adoptait, le 24 juin 1793, l'acte constitutionnel qu'elle élaborait depuis sa réunion. Condorcet avait préparé le travail, Hérault-Séchelles le continua et en fut le rapporteur, quand le Comité de salut public se chargea de l'œuvre. L'acte de 1793 comprenait deux parties : la constitution proprement dite, et une déclaration préliminaire des droits de l'homme et du citoyen ; toutes deux furent soumises par décret du 27 juin à l'acceptation des assemblées primaires, et sur 44,000 communes que comptait alors la France, une seule, celle de Saint-Donan, district de Saint-Brieuc, vota contre la République (1).

La convocation des citoyens avait été décidée pour le 14 juillet, et la journée une partie aussi de la matinée du 15 se passa, non point en fêtes et en festins, pas même en revues, mais à la salle de chaque section. Sedan vota unanimement dans le sens favorable à la Constitution, et, malgré les troubles que suscitaient alors et la conduite de la Municipalité et celle des anciens représentants Hentz et Delaporte, toute la ville se trouva prête à accepter l'œuvre de la Convention. On remarque même, avec un certain étonnement, que les membres des bureaux des sections furent souvent

(1) Nous empruntons quelques expressions à l'éminent article de M. S. Lacroix reproduit dans le *Petit Ardennais* des 3 et 10 juillet 1893.

choisis parmi des personnes soupçonnées de modérantisme : l'union était donc parfaite sur l'objet spécial de la journée.

Les Archives de Sedan conservent les procès-verbaux des votes des sections, que nous reproduisons ici :

DÉPARTEMENT DES ARDENNES

DISTRICT DE SEDAN. — CANTON DE SEDAN.

Section de l'Égalité.

« Cejourd'hui dimanche quatorze juillet mil sept cent quatre-vingt-treize, l'an deux de la République française, les citoyens de la section de l'Egalité de la ville de Sedan, canton et district du même nom, département des Ardennes, se sont réunis en assemblée primaire, ensuite de la convocation faite en exécution du décret de la Convention nationale du vingt-sept juin dernier.

« Charles-Georges-Joseph Rith, citoyen le plus âgé a fait provisoirement les fonctions de président.

« Charles Gaudin, citoyen le plus jeune a fait provisoirement les fonctions de secrétaire.

« L'assemblée a procédé à la nomination d'un président, d'un secrétaire et de trois citoyens appelés au bureau, pour inscrire les noms des citoyens présens, et pour tenir notte des suffrages.

« Charles Morin a été élu président, Jean Matthieu-Bouhon, secrétaire, Jean-Antoine Allaire, Jean-Augustin Le Marié, Jean-Baptiste Profinet, pour siéger au bureau.

« Le Président a annoncé l'objet de la réunion des citoyens en assemblée primaire.

« Louis-François Gigou-Saint-Simon, commissaire chargé par la Municipalité de Sedan de porter à l'Assemblée avec les lettres de convocation l'acte constitutionnel présenté au peuple français par la Convention nationale et le décret du vingt-sept juin dernier, en a fait remise sur le bureau.

« Le secrétaire a fait lecture de l'acte constitutionnel.

« La lecture de l'acte constitutionnel a été entendue avec le silence et le recueillement profond qui inspire le respect ; elle a été couronnée des applaudissements les plus vifs.

« La lecture de l'acte constitutionnel achevée, le Président a mis aux voix l'acceptation et fait faire l'appel sur la liste des citoyens présens.

« L'appel fini et le recensement fait, le nombre des votans s'est trouvé de *trois cent vingt-sept*, qui ont voté à l'unanimité pour l'acceptation.

« Le présent procès-verbal a été rédigé en deux doubles, l'un pour être déposé au secrétariat de la Municipalité du lieu de l'Assemblée, l'autre pour être remis à Jean Matthieu-Bouhon, citoyen nommé pour le porter à la Convention nationale, conformément à l'article cinq du décret dudit jour vingt-sept juin dernier.

« Et ont signé les président, secrétaire et scrutateurs.

« *Signé* : C. MORIN, président, ALLAIRE, PROFINET, LE MARIÉ, BOUHON. »

« Les citoyens de la section de l'Egalité observent que grand nombre de citoyens de leur section se trouvent en ce moment absens pour le service de la République, et spécialement cent vingt de garde pour la garnison de la place, et environ quatre-vingt-deux détachés extraordinairement à Mouzon pour la garde de l'hôpital militaire, et que ces citoyens absens ont fait part à la section de leur adhésion unanime à l'acte constitutionnel.

« Et ont signé etc... (comme ci-dessus) » (1).

La cérémonie se passe de la même façon dans les trois autres sections ; en conséquence, nous nous bornerons à noter les noms des membres du bureau, et les particularités du vote.

Dans la section des Sans-Culottes, Jean-Baptiste Moreau fut président provisoire, Thomas Marchand, secrétaire provisoire, à raison de l'âge : Jean-Baptiste-Onézime Philippoteaux, Thomas, Marchand, Pierre Thilloy, Jean-Baptiste Delattre et Debriancourt formèrent le bureau ; le commissaire chargé par la Municipalité de porter à l'assemblée l'acte constitutionnel fut Varnesson ; l'acte fut accepté à l'unanimité des *deux cent soixante-huit* votants. Le 15 juillet, trente-trois citoyens, absents la veille, adhérèrent au vote. Charles Alexandre fut désigné pour porter le procès-verbal à la Convention.

La section de la Liberté était présidée d'abord par Benoit Logé, assisté de Reize, secrétaire, Servais père, Chicaneau, Poncin et Dufour, scrutateurs ; le bureau définitif comprenait Baudesson, président, Bacot, secrétaire, Reizier, Gilmaire et Jacques Vautier, assesseurs. Le nombre des votants, acceptant unanimement l'acte constitutionnel, fut de *deux cent cinquante-quatre*,

(1) *Arch. Comm. de Sedan*, Série n° **Z 14**, Carton **K 2**.

outre environ cent soixante à Mouzon. Jacques Vautier fut chargé de transmettre le procès-verbal à la Convention. Enfin la section de la République, en remplacement de Rosoy et Jean-Louis Francart, président et secrétaire provisoires, nomma au bureau Antoine-Félix Auclaire, président, assisté de Paul Barthelemy, Jean-Nicolas Gérard et Jean-Baptiste Delfin *(sic)* Legardeur, Francart étant maintenu à son poste. *Deux cent trente* voix se prononcèrent unanimement en faveur de la constitution, sans compter un grand nombre de citoyens en détachement aux frontières de la République. Legardeur fut désigné pour remettre le procès-verbal à la Convention.

***

Pendant que la foule acclamait ainsi la constitution nouvelle, la ville était sans doute en réjouissance ; aucun document relatif à la célébration de la fête ne nous est parvenu. Cependant, le 14 juillet même, le Conseil général de la commune s'était réuni, non pour discuter des intérêts de la ville dans une période très critique, mais pour accomplir un acte de justice qui doit relever à nos yeux quelques-uns des conseillers de cette époque assez compromis dans la suite. Voici en entier le résumé de la séance ; nous le livrons sans commentaire :

Du 14 Juillet 1793.

« Le Conseil général de la commune de Sedan persudé que l'acte constitutionnel, présenté aux Français par la Convention nationale, en faisant cesser l'anarchie, va rendre la paix intérieure à la République entière, mettre fin à toutes les divisions qui n'auroient jamais eu lieu si les citoyens avoient eu un point de ralliement, et ramener à la chose les citoyens qui ont paru s'en éloigner dans des circonstances difficiles,

« Arrête, sur ce ouï le procureur de la commune, comme mesure propre à rallier tous les esprits, en rendant la paix à quelques familles dans lesquelles elle a pu être interrompue par l'éloignement forcé de leurs proches *que les citoyens Maucomble frères, Adrien Rolin fils, Marie-Anne Débine, épouse du C. Belin, la citoyenne Failly, Angron Latanchère et la citoyenne Poupart, épouse du C. Malfuson, déportés dans l'intérieur par arrêté des représentants du peuple Hentz et Laporte, pourront rentrer dans cette ville pour s'y réjouir, avec leurs parents de l'acceptation de l'acte constitutionnel et jouir avec eux des avantages qu'en retireront les Français.*

« Charge en conséquence le secrétaire greffier de la Municipalité de Sedan (Coustier) de donner connaissance du présent arrêté aux parents et amis des susnommés, afin que par eux ils puissent être informés de l'arrêté que la commune a pris en leur faveur.

« Fait à la maison commune de Sedan, le 14 Juillet 1793, l'an 2e de la République française, une et indivisible.

Signé : Raulin-Oudot, Absous fils, Oudin, Billy, Herdulot, N. Baron, Pailla-Godet, Degoffe, Marcel.
Vassant, procureur de la commune.
Coustier. »

IV

LA SOCIÉTÉ POPULAIRE DES AMIS DE LA CONSTITUTION

(Juillet-Septembre 1793)

Dans la salle du théâtre de Stévenot, qui avait vu, en décembre 1792, s'établir la *Société populaire des amis de la République* (1), se tint pendant trois mois seulement le Club des modérés que les Jacobins désignaient du nom de *Club de la Vendée*. Cette réunion de durée éphémère dut se former vers le mois de juillet, car s'il n'y est pas fait allusion dans l'arrêté des représentants du 2 juin (2), Perrin et Calès en constatent la fondation en ces termes (3) :

« On nous accuse d'avoir refusé protection à la société jacobite, et d'avoir autorisé l'établissement d'une autre société dans la même ville. Nos accusateurs sont les destructeurs de la première et ont donné lieu à la seconde, voici le fait :

« Vassant, procureur de la commune, avoit converti la tribune de la Société en une chaire de théologie et vouloit absolument que pour toute doctrine, on adoptât l'athéisme. On ne parloit plus dans cette société que de pareilles extravagances :

(1) Sedan il y a cent ans, *1re partie*, pp. 137-144.
(2) Voy. ci-dessus, p. 13.
(3) Rapport de Perrin et Calès, imprimé par ordre de la Convention Nationale. (Impr. Nat. in-8°). pp. 12-13. (Bibl. publ. de Sedan, don Cunin-Gridaine, con J).

la majorité des membres avoit quitté les séances qui se trouvoient remplies, quand nous arrivâmes par une trentaine de citoyens. Ce petit nombre nous affligea : connoissant les causes de cette désertion, nous crûmes devoir les faire cesser ; nous parlâmes le langage de la raison, et les habitans de Sedan se proposèrent pour peupler de nouveau la Société. Mais Vassant, qui savoit qu'un grand nombre de citoyens ne se conduit pas comme un petit, éleva la voix et dit que s'il se présentoit quelqu'un, on l'éplucheroit de manière à ôter aux autres l'envie d'y venir. Cet arrêt de prescription écarta les aspirans ; et comme c'étoient tous les habitans moins cinquante ou soixante, ils formèrent une autre société : ils vinrent nous avertir de son existence ; nous leur dîmes que nous ne fréquenterions ni l'une ni l'autre jusqu'à ce qu'elles fussent réunies. »

D'autre part, le même Vassant, dont les représentants faisaient l'obstructeur de leurs projets, répondait à leurs dires en les accusant d'être les promoteurs du Club modéré : « Nous sûmes depuis, dit-il, que Calès et Perrin avaient formé eux-mêmes le dessein de dissoudre notre société. Ils conseillèrent et provoquèrent l'établissement d'un nouveau club, qui fut composé de tout ce qu'il y avait dans Sedan de plus contre-révolutionnaire. Il était ouvert à tout le monde, il n'y avait point de mode de réception ou d'apurement, il suffisait de s'y présenter pour en être membre. Le noyau de ce rassemblement était un grouppe de riches, de prêtres, d'accapareurs, d'hommes de loi, de propriétaires de *savonnettes à vilains*, enfin de tout ce qu'il y a de plus vil dans l'ordre social. On débuta dans ce club par déclarer qu'on ne s'affilierait point aux Jacobins; on déclama contre la loi sur l'*emprunt forcé d'un milliard*, contre celle du *maximum*, contre celle sur *les accapareurs de subsistances*. Un marguillier alla y crier que la religion était perdue, parce que la Convention avait ordonné qu'il ne resterait plus qu'une cloche dans chaque commune ; il provoqua hautement contre l'exécution de cette loi l'insurrection populaire ; de vils scélérats en soutanes allèrent dans ce club lire de larmoyans sermons sur la décadence des filouteries apostoliques ; d'autres coquins plus perfides prirent une masse d'argent sous prétexte de soulager les pauvres, mais réellement pour les égarer et leur faire partager leurs crimes. On déclama contre la Municipalité, on l'accusa d'être composée de *factieux, d'anarchistes, d'hommes de sang.* » (1)

La lutte s'engagea de suite entre les deux sociétés rivales : d'où partit la première attaque ? On ne sait. Il paraît que, se sentant soutenues, au moins quant aux idées, par Perrin et Calès, quelques personnes allèrent une nuit briser les vitres de la chambre que le procureur habitait au Collège (2) ; en manière de représailles, les Jacobins fracassèrent les carreaux du théâtre. Un pugilat individuel mit ensuite aux prises Vassant et le secrétaire du Club de la Comédie (3) ; mais un document, conservé grâce à la déclaration de la citoyenne Poncelet, épouse Halma, mère du principal, nous montre clairement que, s'il ne faut pas attribuer à la Société modérée toutes les attaques dirigées contre l'autre, du moins une partie de ses membres n'étaient pas innocents de certains troubles dans les séances du collège (4).

Voici, tout au long, cette déposition relative au rôle joué par les futurs fondateurs du Club de la Comédie, le 7 juillet 1793 :

(1) Vassant... à la Convention Nationale. Sedan, le 2 nivôse an II (Impr. 28 pp. in-4°) p. 12.

(2) Vassant continua d'habiter sa chambre du Collège jusqu'à sa fuite, après le 9 thermidor : une délibération du 7 floréal an II (26 avril 1794), se fondant sur ce qu'il était sans écoliers, ayant cessé toutes fonctions et sans traitement, lui avait ordonné de la quitter au plus vite ; mais l'ordre resta sans effets.

(3) Voy. ci-dessus p. 20.

(4) Arch. comm. de Sedan, série Z n° 1. — Tous les documents cités sans indication de sources sont tirés du même dossier.

« Je déclare qu'étant à la Société jacobite et montagnarde de Sedan le 7 juillet 1793 (style d'esclave) que la Société fut troublée en plusieurs fois, et par différentes personnes qui paraissaient toutes coalisées pour faire dissoudre une société dont la conduite républicaine les faisait trembler. Il y avait déjà paru de séance à autre certains mouvements contre-révolutionnaires, enfin cela éclata et le dit jour la séance ayant été troublée dès le commencement, de manière à ce qu'aucun des membres ne pouvant avoir la parole, les membres demandèrent une garde au général Champollion qui la leur accorda; malgré la garde, les troubles continuaient : le citoyen Gérard dit la Chapelle, officier municipal, vint, décoré de son écharpe ; ce qui n'empêcha pas qu'il ne fut insulté par plusieurs personnes, et que l'on vit et entendit le nommé Herbulot, maréchal-expert et lieutenant-colonel de la garde nationale sedanaise qui criait à gorge déployée « à bas l'écharpe » ainsi que Béziers et d'autres : Profinet fils, Collot, prêtre, Goulet, ci-devant chanoine, François Chayaux, charcutier, Le Roy, commis aux Gros-Chiens, Duterne, savonier et associé de Béziers, l'aîné des fils de la veuve Tanton, Gibou, notaire, Poupart de Neuflize, Auclaire, président du tribunal du district, Roger, commis chez Jean Lahauche, manufacturier, Viflet, adjudant général, Franquin, commis, Gilmer, brasseur, Isaac Dalchez et Dalchez l'aîné, Joseph Basle, portefaix impérial de naissance, ainsi que son épouse, etc. Les citoyens Vassant, Varroquier, Mazeron, Halma père, tous membres de la Société, furent de même insultés, notamment par ledit Herbulot, qui monta comme un furieux dans la tribune et empêcha Halma père qui avait un discours intéressant à faire sur les subsistances ; il empêcha de même le citoyen Mazeron qu'il voulait absolument faire descendre de la tribune : le citoyen Mazeron fut invité de n'en pas descendre, notamment par Halma père et malgré que le citoyen Mazeron n'en descendit pas, Herbulot se plaça effrontément à côté dudit, et dit à haute et intelligible voix : « C'est bien affaire à la Société populaire de demander une garde, oui nous y viendrons ici avec la foule armée, mais ce sera pour vous en chasser tous. » Après cela, le trouble augmenta : l'on entendait des huées dedans et dehors, des brouhaha, des sifflements. Cependant il se fit encore un instant de silence, parce que le citoyen Poupart de Neuflize ayant monté sur un des bancs, en haussant la voix et la main, cria silence, et aussitôt le silence fut fait. Dans ce moment, le citoyen Vassant voulut parler : de suite le bruit recommença : Mogue voulut prendre la parole, il fut aussitôt hué et même l'on criait « à bas Mogue et sa tête, » et dans le moment une troupe d'intriguants qui criait « que deviendront les ouvriers s'ils n'ont pas les manufacturiers » entre dans l'enceinte de la Société avec un ton et un air menaçant, plusieurs des sociétaires s'enfuirent : il n'en resta que sept qui préfèrent périr que de céder la place : les membres qui, étant restés dans la société, n'échappèrent que par une espèce de miracle, et s'ils n'eussent profité du moment que pour soustraire le citoyen Mogue, le général Chanpollion fut obligé de lui faire un rempart de son corps, qui était suivi par une foule d'assassins, les autres membres se retirèrent, dans le moment, à la faveur des ténèbres, et reslèrent avant dans la nuit chez le citoyen Halma père, qui est logé près du corps de garde de la Halle.

« J'ai une remarque à faire : veut-on savoir qui étaient ceux qui cherchaient la dissolution de la Société jacobite et montagnarde ; et bien, que l'on voie ceux qui ont fondé le Club de la Comédie bien nommé Club de la Vendée : l'on y trouvera des prêtres, des manufacturiers, des robins, des commis, des riches, des égoïstes, des cy-devant gabelous, maltotie des hommes de ces sangliers qui affirmaient les cy-devant droits sur le bétail, la bière, le vin, le fer, cuivre, et cœtera... N'ayez pas crainte d'y voir des droits sur une pièce de draps, avec cinq liards ; le manufacturier envoyait ses draps partout, et une malheureuse pièce de bière payait jusqu'à quatre livres parce que le pauvre en buvait.

« Ce que je certifie véritable. Sedan, le 4 fructidor, 2me année républicaine ou la mort.

« PONCELET, épouse de Halma. »

*
* *

Pour mettre fin à de pareils incidents, les représentants, s'autorisant des instructions du Comité de Salut public, donnèrent en sous-main au nouveau Club l'idée de se rallier franchement à son aîné. Celui-ci, comme on devait s'y attendre, refusa tout net, et pour répondre à ces avances, fit afficher en ville une proclamation calomniatrice pour ses ennemis. Une *Adresse aux citoyens de Sedan*, signée de Messageot, président, Petitfils et Gérardin, secrétaires, fut lancée du théâtre le 21 août (1). L'attaque partie du collège portait notamment sur ce point : on accusait la Société modérée de compter dans son sein « tous ceux qui, composant l'administration municipale, sous le règne despotique de La Fayette, ont porté une main sacrilège sur la représentation nationale en faisant arrêter l'an dernier (1792) trois députés. » C'était l'éternel argument, dont on remplissait les oreilles des commissaires à l'armée, afin que l'un d'eux prît sur lui de déférer au tribunal révolutionnaire les municipaux du 14 août. Les rédacteurs

(1) Impr. de 6 pp. in-4° ; chez C. Morin. Sedan. (Arch. comm. de Sedan, *loc. cit*).

de l'*Adresse* n'avaient qu'une chose à répondre : ils s'exprimèrent ainsi : « Nous ne dirons pas que l'ancienne administration municipale seule, mais bien que la majeure partie des citoyens a été dans l'erreur sur le compte de La Fayette longtemps idolâtré par la capitale et par les Français... L'ancienne administration municipale n'a-t-elle pas réparé la surprise qui lui fut faite, et par les plus sincères regrets et par la plus prompte et la plus parfaite soumission à la loi ?... Qu'il est perfide de vouloir immoler les citoyens dont le civisme ne s'est jamais démenti pour une erreur d'un moment, reconnue et réparée ! »

Cette proclamation devait être le dernier cri de révolte des insoumis à la tyrannie jacobine. Craignant pour eux, peu sûrs d'ailleurs de la tournure que prendraient les démarches de Vassant à Paris, obligés de cacher leurs vrais sentiments et criant au Conseil général qu'ils dénonceraient leurs amis pendant qu'ils les calmaient, Perrin et Calès rendirent le 9 septembre un arrêté dissolvant la nouvelle Société, arrêté dont les termes sont pesés pour ménager les susceptibilités des deux partis.

Arrêté des Représentants du peuple près l'armée des Ardennes, relatif aux deux sociétés populaires existantes à Sedan.

« Les Représentants du peuple à l'armée des Ardennes, instruits que l'existence des deux sociétés populaires dans la ville de Sedan est le prétexte dont se servent certains individus pour agiter le peuple et lui donner des alarmes sur sa liberté, et voulant éviter, autant qu'il est en leur pouvoir, des discussions politiques qui tournent toujours au préjudice des deux partis, et veiller avec les soins paternels dont ils sentent leurs cœurs pénétrés sur la tranquillité d'une ville dont ils aiment l'esprit et le patriotisme, arrêtent ce qui suit :

« Article 1er. — Dès la réception du présent arrêté, la Municipalité de Sedan prendra des mesures pour que la nouvelle Société populaire, séante à la salle de la Comédie, ne tienne plus ses séances.

« Art. 2me. — Les registres de ladite Société seront cotés et paraphés par première et dernière page par le président et secrétaire de ladite Société, par un officier municipal et un commissaire du district, et seront laissés entre les mains du président, qui sera tenu de les exhiber toutes les fois qu'il sera légalement requis.

« Art. 3me. — Néanmoins lesdits représentans déclarent n'avoir rien ouï dire qui puisse prouver que la Société populaire séante à la salle de la Comédie professât des principes contraires à la liberté : ils déclarent que quiconque s'étayeroit de leur arrêté pour preuve de son incivisme, seroit un homme mal instruit et mal intentionné ; puisque la seule raison qui les engage à ordonner cette suppression est, comme il a déjà été dit, d'ôter tout prétexte à qui que ce soit, de troubler la tranquillité dans la ville de Sedan.

« Art. 4me. — Le présent arrêté sera publié et affiché dans la ville de Sedan, et partout où besoin sera.

« Arrêté à Sedan, par les Représentants, le 9 septembre 1793, l'an 2me de la République française.

« CALÈS et PERRIN. «

*
* *

Le lendemain, Delaye, commissaire du district, et Oudin, membre de la municipalité se transportèrent en la salle de la Comédie où « étant en présence des citoyens Delatre le jeune, son vice-président, Marcel Gérardin et François Lecouturier, secrétaires, et encore du citoyen Joyet, membre de ladite Société, » ils cotèrent et paraphèrent par premier et dernier les feuillets séparés contenant les procès-verbaux de chaque séance au nombre de *vingt-sept*.

*
* *

Mais là ne devait pas s'arrêter le triomphe des puissants du jour. Hentz et Bô arrivés à Sedan pour rejoindre Massieu, non contents de la mesure radicale prise par les « muscadins, » leurs prédécesseurs, voulurent punir comme ils le méritaient les fonctionnaires ou les officiers de la garde nationale, coupables d'avoir osé assister aux réunions d'une assemblée « fédéraliste, contre-révolutionnaire, vendéenne, anti-jacobine, » composée « d'agents de Pitt et de Cobourg. » Hentz, dont Vassant disait qu'il valait dix millions de gens comme Calès et Perrin, promulga avec Bô l'arrêté suivant :

ÉGALITÉ, LIBERTÉ, RÉVOLUTION.

« Les Représentans du Peuple envoyés près l'armée des Ardennes arrêtent ce qui suit :

« ARTICLE 1er. — Tous les fonctionnaires publics, qui ont été membres d'une assemblée fédéraliste ou contre-révolutionnaire établie à Sedan et connue sous le nom de *la Vendée*, sont destitués de toutes fonctions administratives et seront sur-le-champ mis en arrestation aux termes de la loi.

« ART. 2. — Sont également destitués du grade d'officiers et sous-officiers dans la garde nationale actuellement à Sedan, ceux qui étoient membres de ce Club, ils rentreront dans le rang de simples soldats, mais ils ne seront pas mis en arrestation, si d'ailleurs le Comité révolutionnaire ne les juge pas hommes suspects.

« ART. 3. — Pour l'exécution du présent arrêté, la liste des membres de ce Club sera déposée au Comité révolutionnaire à Sedan, le dépouillement en sera fait par les membres du Comité, l'état des fonctionnaires publics, officiers et sous-officiers de la garde nationale, reconnus pour avoir été membres dudit Club sera vue et vérifiée des Représentants du peuple et de suite adressée au commandant de la force armée pour être mise à exécution relativement aux changements à faire dans la garde nationale.

« ART. 4. — La Société populaire de Sedan présentera préalablement aux Représentants du peuple ou à la municipalité une liste de bons citoiens pour remplacer ceux de la garde nationale qui cesseront dès à présent d'être officiers et sous-officiers comme destitués ainsi qu'il vient d'être dit.

« A Sedan, le 16e jour du 2e mois, deuxième année de la République française une et indivisible (6 décembre 1793).

« BÔ et HENTZ. »

Fidèle à sa mission jamais démentie pour soutenir les représentants... qui lui plaisaient, la Société jacobine, débarrassée des gêneurs, dressa le 27 nivôse an II (16 janvier 1794), la liste des officiers municipaux destitués.

« *Etat des officiers municipaux destitués par arrêté des Représentants du peuple Hentz et Bô en raison des délits dont l'énumération est notée après leurs noms.*

« 1. On reproche à *Villepoix*, ministre des protestants, d'avoir été membre du Club de la Vendée et d'avoir refusé de signer la mort de Capet.

« 2. On reproche à *Gilmaire*, brasseur, d'avoir été membre du Club de la Vendée cassé par les Représentants du peuple.

« 3. On reproche à *Gérard*, brasseur, contre-révolutionnaire des sections et vendéen.

« 4. On reproche à *Noir-Payre* (Lenoir-Peyre) d'avoir refusé de signer la pétition faite pour faire tomber la tête de la Louve autrichienne, et fait arrêter les Représentants du peuple étant membre de l'ancienne Municipalité.

« 5. On regarde *Absous* comme suspect ayant été chassé de la Société jacobite et son diplôme brûlé ignominieusement et ayant perdu sa confiance.

« 6. *Poupart-Neuflize*, Vendéen et renégat des Jacobins.

« La Société arrête, à l'unanimité, qu'elle adopte les notes annexées aux noms des individus dont la nomenclature est cy-dessus, reconnoit la vérité et les proclame solennellement à la face de tout homme probe et républicain, arrête qu'une commission composée de deux membres se rendra à la Municipalité pour lui remettre le présent pour qu'elle y fasse quel droit que lui dictera et l'amour de la patrie et la gravité des circonstances.

« Fait en séance extraordinaire tenante à Sedan, le 27 nivôse 2e année de la République française une et indivisible.

« ROSTOLLAU, Président,
« VASSANT, Secrétaire, Brutus TAILLARD, Secrétaire. »

Il faut joindre à cette liste les noms de Hautpierre, juge au tribunal, arrêté le lendemain, Sandras, épicier, dénoncé le 1er frimaire (21 novembre 1793), Charles Morin, imprimeur du District, arrêté le 9 germinal (29 mars 1794), Philippoteaux et Auclaire; Lavigne, officier municipal destitué par Massieu, le 29 pluviôse (17 février), avec Absous et Gérard, notable suspendu le même jour.

L'arrivée de Roux fut un heureux retour aux idées plus sages : il se présenta en pacificateur et joua à Sedan, un rôle dont les Jacobins n'eurent pas à se louer. De Mézieres où il était le 30 pluviôse (18 février) en route pour Sedan, il se déclare, lui seul, chargé des arrestations, casse à ce titre, l'arrêté de la veille, relâche, le 18 ventôse (18 mars), Gilmaire et de Villepoix (1), le 10 germinal

(1) *Arrêté mettant en liberté Gilmaire et Villepoix :*

« Nous, Représentants du peuple dans le département des Ardennes, après nous être fait rendre compte par le Comité révolutionnaire de surveillance de la commune de Sedan des causes et motifs de l'arrestation des citoyens *Gilmaire et Villepoix*, officiers municipaux de la commune de Sedan ; après avoir également pris auprès de toutes les autorités constituées de ladite commune et du district des renseignements sur la conduite desdits citoyens lesquels se sont trouvés à leur avantage ; considérant que l'arrestation de ces deux magistrats du peuple n'a eu pour base que d'avoir été membre d'une Société populaire qui a existé quel-

(30 mars) Morin qu'il déclare bon citoyen et bon patriote, et, pour se racheter un peu aux yeux de la Société populaire du collège, il brise ses idoles en destituant Vassant et en nommant à sa place Oudin! A l'homme qui a accompli ces actes de justice, à celui qui n'a pas eu à signer le mandat d'arrêt de notre municipalité, ne pouvons-nous pas pardonner l'inauguration du *Temple de la Raison ?*

---

ques instants à Sedan, et qu'il a plu à quelques individus de qualifier du nom de *Vendée* pour égarer la religion des Représentants du peuple Hentz et Bô ; considérant que l'arrêté de ces représentants qui a ordonné la destitution de tous les citoyens fonctionnaires publics qui avaient fréquenté ladite Société ait jamais professé des principes liberticides, ou fait paraître la moindre tendance à s'écarter du respect pour l'exécution des lois ;

« Considérant qu'aucune loi n'interdisait aux sections de la commune de Sedan d'établir plusieurs Sociétés populaires dans cette commune ; considérant enfin que l'arrêté des représentants du peuple Perrin et Calès qui a dissous ladite société, porte que ce n'est que pour empêcher les divisions que les rivalités pourraient exciter, et non pour aucune cause qui puisse être imputée à blâme aux membres qui la composaient, qu'ils en ordonnent la dissolution ;

« Arrêtons qu'il n'y a lieu à retenir plus longtemps ces deux magistrats du peuple victimes de l'erreur, qu'ils seront dans le plus bref délai mis en liberté et rendus à leurs fonctions, et ce à la diligence de l'agent national du district de Sedan.

« A Sedan, le 18 ventôse, 2e année républicaine.

« Roux. »

V

LES COMPTES D'UNE FÊTE DE LA RAISON

(19 nivôse an II — 8 janvier 1794)

Le culte de la Raison fut inauguré à Paris le 20 brumaire an II (10 novembre 1793) par une cérémonie célébrée à Notre-Dame (1); en province, la religion nouvelle mit quelque temps à s'implanter et l'inauguration officielle du temple de Sedan n'eut lieu que le 7 germinal (27 mars 1794) (2). Cependant, un document inédit, extrait des Archives des Ardennes (L. 592), nous montre qu'avant ce temps il y eut, dans notre ville, une cérémonie au moins imitée de celle à laquelle assista la Convention.

Par ce document, intitulé « Dépens de la fête du 19 nivôse 2e an, » nous pouvons reconstituer en imagination les détails de la cérémonie.

On avait d'abord dansé le 10 nivôse dans une salle, peut-être celle de la Comédie, et on avait illuminé : puis le cortège avec 25 musiciens avait fait le tour de la ville, cortège dont la pièce de résistance était le char de triomphe supportant une pyramide ou obélisque décorée de papier bleu et

(1) Voyez l'étude de F.-A. Aulard dans ses *Etudes sur la Révolution*, Paris, 1893.

(2) Récit de la cérémonie reproduit au *Moniteur*, et, d'après lui, par l'abbé Prégnon ; Cf. Ch. Pilard, *Sedan sous la première Révolution*, 9e période.

rouge (pourquoi pas les trois couleurs?) et surmontée d'un bonnet rouge. Sur ce char, trônait la comédienne Turbot, coiffée du bonnet phrygien, dont la qualité prouve qu'on choisit à Sedan les déesses dans toutes les classes de la société. Le cortège se rendit alors à l'autel élevé sur la place d'Armes, où, sans doute, des discours furent prononcés qui ne nous sont point parvenus, et voilà tous les souvenirs qu'a laissés cette fête. Malgré l'intérêt minime que présente le compte de la cérémonie, nous le publions comme une curiosité.

Dépens de la fête du 19 nivôse 2e an

N° 1.

Pour 8 musiciens à 6 liv.	48 liv.
Pour 17 musiciens 2 séances à 12 livres.	204 liv.
Pour dépens faits pour les musiciens à la fin de la promenade patriotique.	15 liv. 10 s.

N° 2.

François, peintre :	
Pour brosses et couleur achetées	8 liv. 10 s.
Pour 2 1/2 journées de travail. .	15 liv.

N° 3.

Henry, peintre :	
Déboursés en rubans et platteaux	6 liv. 51 s.
Main d'œuvre gratis.	

N° 4.

Louis, Michel, menuisier :	
Pour l'apposition, le déplacement le transport de 73 1/3 toises de planches et doubleaux, la fourniture d'un cent de clous et main d'œuvre ; le tout pour procurer une place aux musiciens dans la salle du bal qui a eu lieu le 10 nivôse, ci.	20 liv.

Lorrillière, bonnetier :
Bonnet rouge et une cocarde, ci 9 liv. 10 s.
Le citoyen Gélu :
Pour illumination suivant son mémoire.................... 126 liv.

N° 7.

Pour le char de triomphe, fourniture en bois, clous et façon....... 90 liv.
Pour l'autel construit sur la place, composé de 113 toizes de bois, façon et bois fournis, ci..... 172 liv.

Idem.

Pour ouvrages faits par les serruriers, savoir un cercle en haut du char et un étrier à l'essieu de derrière, ci.................. 30 liv.

N° 8.

Le citoyen Noël-Bourguignon et Loupon, tapissier, pour leurs déboursés et un bonnet rouge placé au-dessus de la pyramide, le tout, main d'œuvre gratis, ci......... 18 liv.

Idem.

Un bonnet rouge pour la commédienne *(sic)* Turbot, ci....... 10 liv.
Six mains papier bleu et rouge à trente sols, ci................ 9 liv.

Idem.

Un drapeau fourni par Herbulot pour l'ornement de l'obélisque, ci. 6 liv.

Total................. 817 liv. 15 s.

Certifié le 19 nivôse an II par les Commissaires.

VI

EXÉCUTION

DE LA MUNICIPALITÉ DE 1792

Le 15 prairial an II (3 juin 1794), en pleine Terreur, tombaient, sur la place de la Révolution à Paris, les têtes de vingt-sept de nos compatriotes, membres du Conseil général de Sedan en août 1792 ; quatre jours après, douze des administrateurs du département en fonctions à la même époque étaient sacrifiés à la vengeance et à la haine du groupe jacobin des Ardennes. Le récit de cette double exécution a été maintes fois conté : les motifs qui l'ont déterminée sont connus, et cependant, grâce à d'heureuses découvertes, je puis apporter ma part de renseignements sur les deux points capitaux de cette lugubre affaire : la journée du 14 août 1792 qui est la cause déterminante du procès, — et les faits qui précédèrent et ceux qui suivirent ce procès depuis la fin de l'année 1792 jusqu'à la fin de 1794.

§ I.

La séance du 14 août 1792.

On sait qu'à la suite de la journée du 10 août le Conseil général de Sedan refusa, sur les conseils de La Fayette et de d'Averhoult, de publier le décret qui prononçait la suspension du roi (1). Trois commissaires envoyés par l'Assemblée législative, Kersaint, Antonelle, Péraldy et leur secrétaire, Clairval, étaient chargés de le présenter à l'armée du Nord ; reçus par le département, le 14 août, ils se mettent en route en voiture pour Sedan, quartier-général du commandant, où ils arrivent vers quatre heures et sont, dès leur entrée, l'objet des menaces de la foule, habilement travaillée par les officiers de La Fayette. On les conduit à l'Hôtel de Ville (2) et le maire, Desrousseaux, leur demande leurs passeports. Ces passeports étaient interlignés (3) ; le Conseil décide que les « soi-disant susnommés demeureront en cette ville sous bonne et sûre garde, et y resteront en otage jusqu'à ce qu'il soit notoire que l'Assemblée et le roi soient libres et n'aient plus rien à craindre de leurs oppresseurs. »

Les commissaires sont donc menés au château (4), où ils restent jusqu'au 20 août, à onze heures du matin. Pendant leur détention, La Fayette avait

(1) Délibération du 12 août 1792. — La responsabilité de La Fayette et de d'Averhoult « ce perfide Hollandais » est clairement établie dans la *Justification de la Municipalité de Sedan*. — Nous rappelons que les pièces du procès ont été publiées d'après le dossier des Archives nationales, W. 379, n° 870, par M. Sénemaud, dans la *Revue historique des Ardennes* (2e année, 1866, pp. 168-177 ; 282-289) et reproduites par M. H. Rouy dans ses *Souvenirs sedanais* (4e série).

(2) Charles Pilard, *Sedan sous la première Révolution*, 3e période.

(3) Délibération du 14 août.—*Archives nationales*, AA. 11, n° 471 : « Mémoire tendant à démontrer la conduite qu'ont tenu le département et la ville de Sedan (sans date ni signature). »

(4) Prégnon raconte que, pendant qu'on les conduisait au château, les commissaires tremblaient pour leur vie. « Kersaint, ce fier républicain, pleurait comme un enfant, se jetait même quelquefois à genoux pour demander grâce au peuple. » (*Hist. du pays et de la ville de Sedan*, t. II, 1856, p. 127). M. Ch. Pilard (*Sedan sous la première Révolution*, 3e période), s'efforce de combattre cette lâcheté attribuée au représentant : mais Prégnon n'a pas imaginé l'histoire, il l'a tirée d'un livre paru à Londres en 1795 : *Histoire de la Révolution du 10 août 1792, des causes qui l'ont produite*, etc., etc., par Peltier. (Note obligeamment communiquée par un Sedanais).

fui, prévenu du décret d'arrestation lancé contre lui par le Comité exécutif provisoire ; Desrousseaux, reconnaissant qu'il avait été trompé par le général, partait pour un voyage en Hollande, afin de se soustraire à la vengeance du parti avancé ; trois nouveaux commissaires, Baudin, député et ancien maire de Sedan, Isnard et Quinette, étaient envoyés à l'armée du Nord, et avant même qu'ils fussent arrivés, les prisonniers étaient relâchés et le Conseil rédigeait une adresse à l'Assemblée où il s'excusait de s'être laissé « égarer par de faux rapports (1). » De son côté, le Conseil du département avait envoyé le 21 à l'Assemblée nationale une lettre signée de neuf de ses membres qui se repentaient de l'arrestation et imploraient « la clémence héroïque des coopérateurs envers la commune de Sedan (2). » L'Assemblée qui avait, le 18 août, rendu un décret contre le département et les officiers municipaux (3), reçut dans sa séance du 1er septembre les commissaires de l'armée du Nord (4), approuva leur conduite « et les mesures prises à l'égard des administrateurs du département. » L'incident était donc clos. Seul, Desrous-

(1) Les commissaires furent relaxés sur l'invitation des députés des Ardennes, certifiant leur mission. (Lettre du 17 août figurant au dossier du procès). L'adresse à l'Assemblée est datée du 23 août ; une proclamation aux habitants fut publiée le lendemain.

(2) Cette adresse signée Rambourg, Philippoteaux, Dessaulx, Deshayes, Gérard, Le Grand, Chanzy, Lemaire et Dubois existe à la Bibl. de Sedan, don Cunin-Gridaine, con G. — Plusieurs des signataires périrent sur l'échafaud le 18 prairial an II — 6 juin 1794.

(3) « L'Assemblée nationale décrète que tous les citoyens de la commune de Sedan, les soldats volontaires et de lignes et les officiers, commandans et généraux actuellement dans les murs de cette ville, sont *responsables* sur leur tête de la liberté et de la vie de MM. Kersaint, Peraldi et Antonelle, commissaires envoyés par l'Assemblée nationale à l'armée du Centre, ainsi que des personnes qui sont à leur suite.

« Le présent décret sera porté à Sedan par un courrier extraordinaire, etc.

« *Signé :* ROLAND. *Contresigné :* DANTON. »

(4) Voyez le compte-rendu de Nicolas Quinette, Maximin Isnard et Claude-Pierre-Louis Baudin, commissaires, le 1er septembre 1792, à la Bibl. de Sedan, don Cunin-Gridaine, con I.

seaux, absent, restait compromis; son affaire particulière, suivie d'ailleurs d'une absolution totale, sera étudiée bientôt; quant à la municipalité, il nous faut à son égard examiner avec quelque détail un point délicat entre tous: *fut-elle réellement coupable dans l'arrestation des Commissaires?* On comprend que de la réponse à cette question dépend la condamnation ou, en une certaine mesure, la justification de l'arrêt du tribunal révolutionnaire qui la fit exécuter, au mépris, du reste, de plusieurs décrets rendus par la Convention même au profit de nos concitoyens.

***

L'arrestation des Commissaires était préméditée, c'est un fait acquis que les raisons de sentiment ne peuvent détruire.

La preuve matérielle, irréfragable, résulte à notre avis: 1° de la lettre du 13 août; 2° des certificats *inédits* publiés ci-dessous.

1° La lettre du 13 août, on le sait, est datée du quartier-général de Sedan et signée La Fayette: le général annonce l'arrivée des Commissaires, il requiert sous sa responsabilité de retenir ces individus, sa lettre, dit-il, devant servir de sauvegarde aux autorités qui obéiront à son ordre (1). Donc le 13 août, la commune était prévenue d'avoir à arrêter les Commissaires. Une thèse soutenue plusieurs fois par les historiens (2) tend à croire cette lettre antidatée: elle aurait été écrite de Bouillon en même temps que celle du 19 où La Fayette justifie son départ par une raison

(1) Les lettres de La Fayette du 13 et du 19 août ont été souvent publiées: elles forment aux Archives communales de Sedan les dossiers Z. 12 et Z. 11.

(2) Peyran, *Hist. de l'ancienne principauté de Sedan*, t. II, 1826, pp. 289-291. — A. Chuquet, *La première invasion prussienne*, p. 56.—S. Leroy, *La Tüde* (*Echo des Ardennes*: n° du cinquantenaire, 28 septembre 1893), p. 11, col. 1.

qui n'était sans doute pas la vraie, mais qui n'est pas indigne du libérateur de l'Amérique : « Au moment où je prévois... que ma présence auprès de vous ne servirait... qu'à vous compromettre, je dois éviter à la ville de Sedan des malheurs dont je serais cause, etc... » Croire à l'antidate, c'est — comme l'a dit Peyran : « Laisser à la municipalité l'honneur d'avoir agi selon sa conviction et à M. de La Fayette celui d'avoir fait pour un corps respectable tout ce que sa position lui permettait de faire ; » mais c'est aussi rejeter sur elle seule le poids terrible d'un acte que le trouble d'un moment excuse peut-être, qui cependant n'était rien moins qu'une atteinte à l'inviolabilité de la représentation nationale. La fausseté de la date était déjà soupçonnée par les contemporains : Legardeur père, un des notables de 1792, exécutés avec Desrousseaux, dit formellement ceci : « Il existe au greffe deux lettres de La Fayette qui ne sont parvenues au Conseil général de la commune qu'après le départ de La Fayette » (1). Néanmoins, nous défendons, avec Prégnon (pp. 130-132), et M. Ch. Pilard, l'authenticité de la date : la conduite du général pendant son séjour à Sedan, l'influence notoire qu'il exerce dans cette ville, dont la garde nationale l'avait nommé colonel d'honneur, l'avertissement qu'il envoya le premier au maire des événements du 10 août, une heure avant l'arrivée du courrier des lettres (2), le soin qu'il prit d'intercepter les journaux, son désir de jouer un rôle politique, tout, concourt à démontrer que, si le coup était prémédité, la responsabilité en incombe au général et que le Conseil n'a été que la victime d'un intrigant et d'un traître (3).

(1) Ci-dessous, pièce justificative n° X.

(2) Fait rapporté par Desrousseaux dans la *Justification de la Municipalité de Sedan,* déjà citée.

(3) La première lettre, celle du 13, porte : « Paraphées *ne varientur*... pour être déposées... (le reste comme ci-dessous). » Ce pluriel pourrait faire croire que les deux lettres ont été reçues ensemble ; remarquons même qu'il n'existe qu'une seule enveloppe

2° Nous avons dit, plus haut, que la préméditation résultait avant tout de certificats inédits : ces pièces sont des attestations données à Philippoteaux, président du département des Ardennes, lors de son arrestation en septembre 1793. On l'accusait d'avoir prêté son concours à La Fayette pour arrêter les Commissaires : il nia le fait en ces termes : « J'ai si peu servi ses projets... que j'ai fait des démarches pour l'empêcher (l'arrestation) ainsi qu'il résulte des certificats ci-joints » (1).

Copie de certificats.

1. « Je soussigné, chef de légion de Mézières, certifie que sur l'invitation du citoyen Philippoteaux, président du département des Ardennes, je prêtai le 14 août de l'année dernière mon cheval pour aller à Sedan empêcher l'arrestation des Commissaires de l'Assemblée législative, Kersaint, Antonelle et Péraldy. En foi de quoy, etc... 29 septembre 1793. »

2. « Je soussigné, Jean-Baptiste Blay, citoyen de Mézières, certifie qu'étant dans cette ville avec le citoyen Philippoteaux alors président du département des Ardennes, lorsque les Commissaires de l'Assemblée législative Kersaint, Antonelle et Péraldy en partirent l'année dernière pour se rendre à Sedan, il me dit que le bruit couroit dans Mézières (et j'en avois moi-même entendu parler) que les Commissaires devaient être constitués en arrestation par la Municipalité de Sedan ; il ajouta que cela le chagrineroit si elle se portoit à cette voie de fait et me proposa de partir sur-le-champ à cheval afin de tâcher de précéder la voiture des Commissaires et d'engager de sa part la Municipalité à ne point mettre à exécution le projet dans le cas où il existeroit ; le citoyen Philippoteaux me fit chercher un cheval et je partis pour remplir cette mission, mais l'arrestation des Commissaires avoit lieu avant que je pusse arriver. En foi de quoy, etc... 25 septembre 1793. »

aussi paraphée. Mais on supposera avec autant de vraisemblance qu'elles ont été paraphées ensemble après le départ du maire.

La deuxième, celle du 19 août, porte de la main d'Edouard Béchet : « Paraphée *ne varietur* par nous officiers municipaux de la ville de Sedan pour être déposée au greffe de la municipalité, le vingt août 1793.

« *Signé* : Edouard Béchet, Gigou-Saint-Simon. »

(1) La pétition de J.-B.-O. Philippoteaux, dont sont extraites ces paroles, a été publiée par nous dans : *A travers le Sedan d'hier*, par M. E. Hupin, t. I. (Sedan, 1893), pp. 223-227. Elle existe, ainsi que les certificats, aux Archives communales, série Z, art. 1 bis.

3. « Valterre, secrétaire de la Société populaire de Mézières, certifie avoir une parfaite connaissance des faits ci-dessus. »

4. Robert, « sans-culotte, secrétaire provisoire des représentants du peuple, » affirme les faits véritables, 28 septembre 1793.

5. 6. 7. « Nous soussignés, certifions que pour seconder les vues du citoyen Philippoteaux, président du département des Ardennes, et empêcher l'arrestation des Commissaires de l'Assemblée législative qui étoit projettée à Sedan par la Municipalité, nous avons fait sur l'invitation dudit citoyen toutes les perquisitions possibles dans les villes de Mézières et Charleville pour trouver un cheval, en foi de quoi nous avons donné le présent à Mézières le 28 septembre 1793, l'an 2e de la République Française, une et indivisible, signé : Lapic, grenadier de la garde nationale de Mézières, Louis Tailledois, fourrier des grenadiers de la garde nationale de Mézières, et Jean Basset, grenadier. »

Ainsi le bruit de l'arrestation était parvenu jusqu'à Mézières : on s'y attendait et, malgré le zèle déployé par le président du département, elle fut accomplie dans une séance mémorable dont le récit va être esquissé à l'aide de documents nouveaux.

*
* *

Ces documents ne sont autres que les dépositions des membres du Conseil général, fournies lors de l'accusation portée contre l'ancien maire (23 pluviôse an II — 11 février 1793) (1). C'est donc de la bouche même des assistants, devenus plus tard des accusés, que nous allons recueillir les péripéties de la séance.

Vers quatre heures, le 14 août, arrivent les Commissaires : le Conseil était réuni dans la salle des audiences, à l'hôtel de ville, au second étage. Beaucoup d'officiers et de soldats de l'armée de La Fayette l'entouraient. Le maire examina les passeports, et dit qu'ils n'étaient pas en règle, parce qu'il existait un entreligne. Cet entreligne contenait d'une main étrangère : *Et vous leur obéirez (aux Commissaires) en tout ce qu'ils*

(1) Archives communales, série Z, art. 7.

vous ordonneront, formule inusitée donnant aux porteurs des pouvoirs extraordinaires et qui mit la municipalité en éveil. Les officiers faisaient grand tapage et voulaient maltraiter les envoyés de l'Assemblée : le maire les fit retirer, ce qui occasionna des troubles dans la salle, puis il dit aux commissaires qu'on allait délibérer. Après quelques protestations, l'arrestation provisoire fut décidée à deux voix de majorité, et il est sûr que, si tout le Conseil avait été réuni, le vote eût été différent. Parmi ceux qui repoussèrent l'arrestation, on connaît Lenoir-Peyre, Saint-Pierre, Caillon et Chayaux-Caillon. Quinze conseillers seulement étaient présents (1), mais tous ne signèrent pas le procès-verbal (2) ; à la séance du lendemain, le reste mit sa signature, soit volontairement, soit sur les instances du commandant Sicart, qui menaçait de jeter par la fenêtre ceux qui ne signeraient pas. Il y a doute pour savoir si le maire a dit aux commissaires qu'ils ne seraient délivrés que quand le roi et sa famille seraient rendus à la liberté, mais les conseillers s'accordent à reconnaître qu'il protégea les commissaires qu'insultaient l'armée et la foule.

Ainsi se passa la séance : les détails en sont consignés dans les pièces justificatives que nous publions.

(1) Etaient présents le 14 août : Desrousseaux, maire ; Lenoir-Peyre, procureur de la Commune ; Caillon, substitut ; Legardeur le jeune, Raulin-Husson, Fournier, Joseph Béchet, Edmond Béchet, Noël-Laurent, Petitfils, Verrier, Gigou-Saint-Simon, officiers municipaux ; Varroquier père, Legardeur aîné, Rousseaux, notables.

Signèrent le 15 août : Saint-Pierre, officier municipal ; Grosselin père, Fossoy, Lechanteur, Mesmer, Hennuy, Edet le jeune, Chayaux-Caillon, Gibou-Vermont, Louis Edet, Jacquet-Delattre, Ludet père, Dalché, Hermès-Servais, notables.

Quant à Lamotte-Germain, mort au moment du procès, et à Ternaux, absent, on ne sait à quel moment ils furent présents ou signèrent.

Cette statistique est établie d'après les Interrogatoires des accusés devant le tribunal révolutionnaire et les pièces justificatives ci-après.

(2) Lenoir-Peyre seul refusa de signer. Maret père, absent les 14 et 15 août, n'a pas signé.

PIÈCES JUSTIFICATIVES

I. Déclaration du commissaire des guerres (1).

LIBERTÉ, EGALITÉ, FRATERNITÉ.

Sedan, quintidi 25 Pluviôse l'an 2e de la République Française une et indivisible.

Le commissaire des guerres de la place de Sedan aux citoyens composants le comité de surveillance de la même commune.

Avec plus de mémoire et plus de temps, il me serait peut-être possible de me rappeler des faits qui, dans le temps, m'ont fait connaître le citoyen Desrousseaux, ex maire de Sedan, mais comme je ne possède plus cette première faculté et que je n'ai pas assez d'instants pour repasser sa conduite, je ne puis, pour le présent, attester autre chose que de l'avoir vu méconnaissant la souveraineté du Peuple, insulter à la Représentation nationale en traitant avec une hauteur criminelle les membres de la Convention envoyés par elle auprès de l'armée du traître Lafayette pour s'opposer aux trames liberticides de ce scélérat, complice du dernier tyran des Français; cette conduite de Desrousseaux qui, peu de jours après, quitta son poste pour un prétendu voyage relatif à son commerce, ne permet pas de doutter que Desrousseaux partageait alors, soit par erreur, soit par un sentiment plus coupable, ceux du parti abominable et justement exécré qui voulait tuer la liberté naissante et nous rendre des chaînes.

Salut et fraternité.

H. LENFANT.

II. Déclaration de Varroquier fils.

Je déclare m'être trouvé à la maison commune lors de l'arrivée des représentants Kersin, Antonel et Péraldi. Le Conseil général était en partie rassemblé, il fut procédé à l'instant à l'examen des passeports dont les députés étaient munis, examinés par Desrousseaux, maire de Sedan alors, qui observa qu'ils n'étaient point en règle, il fit plus, en leur tenant des propos les plus injurieux et leur déclarant qu'ils ne seraient point libres avant que le Roi et la famille Royalle soient rétablis dans leurs pouvoirs; là, plusieurs officiers de l'Etat Major de la Fayette les maltraitèrent en propos de la manière la plus dure et même un failli (?) les frappa de son sabre, les esprits s'échauffent. Ledit Desrousseaux les invita de se retirer, en leur promettant qu'ils seraient contents de la délibération qu'ils allaient prendre. A l'instant les officiers et agents du traître Lafayette se retirent en disant : Nous comptons sur le maire de Sedan.

Depuis cet événement, Desrousseaux, peu de jours après, s'est rendu à Liége ; j'observe que j'ai appris que quelques jours avant l'arrivée desdits commissaires Desrousseaux avait été au département où l'on soupçonne s'être entendu ; enfin, il y a environ cinq

(1) Les pièces I et II sont des pièces à charge pour Desrousseaux.

mois que le sieur Desrousseaux, laissant son portefeuille sur la table de la Maison Commune, où l'on trouva dedans le testament de Louis Capet. Dans ma conscience et mon attachement à la République, je déclare voir Desrousseaux un aristocrate, les faits énoncés ci-dessus en sont un sûr garant.

Ce vingt-trois pluviôse 2me de la République une et indivisible ou la Mort.

VARROQUIER fils.

III. Déclaration de Le Chanteur.

Je soussigné déclare qu'étant du Conseil de la Commune, lors de l'arrestation des représentants du peuple à Sedan, je ne me suis pas trouvé à la séance qui en fut le résultat ; je ne peux donc pas déposer sur la conduite qu'y tint Desrousseaux que j'ai cru trompé et non coupable.

A Sedan, le 23 Pluviôse an 2e de la République française.

LE CHANTEUR.

IV. Déclaration de Jacquet Delattre.

Je déclare en mon âme et conscience que je n'ai point de connoissance que Desroussiaux avait d'intelligence avec Lafayette, non plus qu'il s'est porté en mauvais propos contre les commissaires de l'Assemblée Nationale ; je dirai que s'il est parti, c'est pour sauver sa vie, comme le bruit public le disait dans le temps, et [il] n'a cessé d'être en correspondance avec la municipalité pour des subsistances ; je n'ai point de connoissance du portefeuille trouvé en la maison commune.

JACQUET DELATTRE.

Le 23 pluviose lan 2 de la r. p. f. une indivisible.

V. Déclaration de Maret père.

Je soussigné déclare n'avoir participé en aucune sorte à l'arrestation des trois commissaires, et que j'étais à Libreville où j'avais affaire le jour et le lendemain de leur arrestation à Sedan ;

Que je n'ay aucune connoissance du sujet qui a fait absenter le citoyen Desrousseaux ;

Que je n'en ai pas non plus de sa correspondance avec La Fayette ;

Que je me suis très fortement opposé à ce que l'on portât une couronne civique à cet infâme traître, que Prudhomme m'avait fait connaître ;

Que, pour avoir refusé de signer une délibération, je fus menacé d'être jeté par fenêtre, et c'est le commandant Siquar qui m'en avait menacé.

Je certifie la présente déclaration sincère et véritable. Sedan, ce 23 pluviôse l'an 2e de la République française une indivisible ou la mort.

MARET père.

VI. Déclaration de Varroquier.

Je déclare n'avoir aucune connaissance que le citoyen Desrousseaux ait eu des intelligences secrètes avec la Faillette ; qu'il n'a fait arrêter les commissaires de l'assemblée Législative que de l'avis du plus grand nombre des membres du Conseil général de la Commune ;

Que l'émigration prétendue du citoyen Desrousseaux n'a eu lieu que parce qu'il a été averti par le C. de Lastic, lieutenant général de l'armée de la Faillette, que sa tête était en danger, ce qui l'a obligé de prendre la fuitte, que pendant son absence il a entretenu des correspondances avec la commune et s'est occupé de lui procurer des subsistances ;

Que le jour du départ du C. Desrousseaux, il nous fut lu à la commune une lettre de la Falyette qui annonçait au C. Desrousseaux qu'il partait et qu'il prenait sur sa responsabilité l'arrestation des commissaires.

VARROQUIER.

VII. Déposition d'Edouard Béchet sur ce qu'il sait sur le compte de Louis Desrousseaux.

1° Je n'ai jamais eu connaissance que Louis Desrousseaux ait été principal agent du traître Lafayette.

2° Qu'à l'arrivée des représentants dans la maison commune des officiers, sergents, brigadiers et autres de l'armée dudit Lafayette ont menacé lesdits représentants que le déposant a empêché d'être molestés.

3° Qu'il m'a été assuré que si Desrousseaux était parti le même jour que Lafayette, c'est qu'il avait été menacé d'être lanterné, que le C^n Lastique fut chez lui Desrousseaux l'engager à partir s'il ne voulait pas être assassiné, que dans le temps de son absence il s'est occupé des subsistances dont nous étions à court alors, la preuve en est déposée dans les registres de ce temps.

4° Que Louis Desrousseaux a été jugé ici, par ses concitoyens, conformément à la demande de l'Assemblée Législative, sur le motif de son absence.

E^d BÉCHET.

VIII. Déclaration de Gibou-Vermont.

Je soussigné déclare n'avoir aucune connaissance si Desrousseaux a été un des agents principaux de La Fayette ; je n'ai non plus aucune connaissance qu'il ait maltraité de propos les représentants, étant absent, alors, et n'étant arrivé dans la salle de la commune qu'à l'instant où ils en descendaient ; j'ignore aussi s'il a laissé son portefeuil sur le bureau de la commune, dans lequel on dit avoir trouvé le testament de louis capet ; je ne regarde pas le départ de Desrousseaux comme une émigration, ayant souvent écrit à la commune et ayant acheté pour elle beaucoup de ris, mais comme nécessité pour ses affaires ; en un mot, je regarde Desrousseaux pour un parfait honnête homme.

Sedan, le 23 pluviôse l'an 2e de la République une et indivisible.

GIBOU-VERMONT.

IX. Déclaration de Saint-Pierre.

Je déclare sur mon âme et conscience la pure et exacte vérité. Le jour de l'arrestation des représentants, un sergent de ville vint me dire une assemblée générale à deux heures : Arrivé à la commune, je demandai « quesque il y avait de nouveau » ; on me répondit qu'il arrivait trois représentants de l'assemblée ; un instant après les représentants arrivent ; le maire leur demanda leurs passeports ; ayant visité les passeports, il leur dit que les passeports étaient illégal *(sic)*, qu'il était pas conforme à la loy, qu'il ne pouvait pas faire autrement de les mettre en état d'arrestation. Le maire dit à la commune de délibérer par écrit : je répondis au maire que je ne délibérais ni par écrit ni autrement, que je trouvais affreux de mettre les représentants d'un peuple comme la France en arrestation. Je partis dans l'instant de la Commune. Le lendemain au matin j'appris que la commune s'assemblait à neuf heures ; arrivé à la commune, on fit l'appel nominal pour signer : je m'y refusai ; on cria que celui qui ne signerait pas, on le jetterait par la fenêtre. Comme forcé, c'est la pure et exacte vérité, j'ai signé. SAINT-PIERRE.

X. Déclaration de Legardeur père.

Je n'ai aucune connaissance qu'il y ait eu des intelligences entre La Fayette et Desrousseaux pour l'arrestation des commissaires de l'Assemblée Législative : les motifs qui ont déterminé le Conseil général à les arrêter sont consignés dans le procès-verbal d'arrestation, et c'est Desrousseaux qui a tenu le discours aux commissaires qui a été appuyé par le procureur syndic du district : l'un et l'autre ont parlé avec une énergie qui annonçait l'ignorance que nous avions des événements et le doute qu'ils fussent vraiment envoyés d'un commun accord.

J'ai toujours considéré l'absence de Desrousseaux comme un effet des menaces qu'il avait éprouvé, et je suis convaincu qu'il n'a pas voulu s'émigrer parce qu'il lui était possible de transporter à l'étranger sa fortune puisque ses draps pouvaient sortir librement.

Il existe au greffe deux lettres de La Fayette, qui ne sont parvenues au Conseil général de la commune qu'après le départ de La Fayette et dont je n'ai eu connaissance qu'après l'élargissement desdits commissaires auxquels j'ai été les communiquer de suite et leur en ai donné copie.

Je n'ai pas entendu qu'il ait été question dans lesdits discours de ne rendre la liberté aux commissaires qu'après que la famille royale aurait recouvré ses droits.

Je n'ai aucune connaissance du portefeuil qu'on m'a dit avoir été laissé longtemps après ladite époque à la municipalité.

Je n'ai aucune connaissance qu'il y avait eu les moindres menaces faites à aucun membre du conseil général de la commune pour les déterminer à signer son arrêté, quoique j'aye été à l'assemblée dès l'arrivée desdits commissaires, ce que j'affirme sincère et véritable.

A Sedan, le 23 pluviôse an 2 de la République une et indivisible.

LEGARDEUR père.

XI. Déclaration de P. Rousseau.

Je suis très-peu au fait de ce qui concerne l'affaire du citoyen Desrousseaux : je l'ai peu suivi, et les insultes graves dont on l'inculpe envers les commissaires ne sont point à ma connaissance, la nature de mes affaires ne me laissant guère le temps de me mesler d'autre chose, ainsi que mon peu de capacité en fait de politique ne me laisse pas la faculté de pouvoir démêler le nœud de l'intrigue la plus simple. Je sais que sa conduite fut sévèrement examinée sur la fin de l'année 1792, et qu'il sortit pur et net de cette épreuve. C'est ce que je déclare en mon âme et conscience, n'ayant autre chose à dire là-dessus ; en foi de quoi j'ai signé.

A Sedan, le 23 Pluviôse an 2 de la République française une, indivisible et impérissable.

P. ROUSSEAU.

XII. Déclaration de Legardeur.

Le soussigné ne se trouvait pas à la Municipalité dans le premier moment où les Commissaires de l'Assemblée législative ont été arrêtés, n'y étant venu que dans celui où un officier de dragons leur tenait beaucoup de mauvais propos dans lesquels le terme de scélérat a été employé, mais n'ai aucune connaissance que Desrousseaux s'en soit servi, n'y qu'il ait eu aucune liaison avec La Fayette autre que celle qui lui était indispensable en sa qualité de maire.

Je suis aussi persuadé que Desrousseaux ne s'est porté à ladite arrestation que je suis convaincu que les membres du Conseil général de la Commune, que par une erreur à laquelle leur cœur n'avait aucune part.

Je n'ai vu dans la sortie de Desrousseaux que l'effet d'une crainte fondée pour ses jours qui étaient menacés, et tant que son absence a duré, il a toujours annoncé un vif désir de retour dès que la circonstance le lui permettrait.

Pour ce qui est du testament de Louis Cappet que j'ai ouï dire s'être trouvé dans son portefeuille, j'aurais pu m'en trouver porteur si j'eusse gardé la gazette dans laquelle il était imprimé, ce que j'aurais fait sans y croire de conséquence, attendu que cette feuille m'était parvenue sous bande ; ce que je considère comme une liberté pour la circulation.

Fait au comité révolutionnaire, à Sedan, le vingt-trois Pluviôse de l'an deux de la République Française, une et indivisible.

LEGARDEUR.

XIII. Déclaration de Le Noir.

Arrivé tard à la séance du jour où les Commissaires de l'Assemblée Législative ont été arrêtés par ordre de la municipalité, je n'ai point entendu les discours injurieux tenus par le maire auxdits Commissaires. J'ignore absolument s'il a existé quelques liaisons particulières entre Lafayette et Desrousseaux. Occupé exclusivement des fonctions publiques que la Commune m'avait confiées, et de mes propres affaires ; nullement répandu dans la société, je ne voyais mes collègues que dans la salle des séances : une fois invité à dîner par le général Lastic, commandant à Sedan, j'y vis Lafayette, et Desrousseaux également invité, et ne m'apperçus d'aucun objet particulier.

Je n'ai aucune connoissance du portefeuille resté sur le Bureau de la Municipalité, seulement j'ai entendu raconter cette particularité.

Je sais que Desrousseaux quitta le territoire français à l'époque indiquée ; mais l'intention ne se devine pas ; cependant je dois dire que je n'ai remarqué dans sa conduite rien qui annonçât l'intention d'émigrer.

J'ai refusé de signer et me suis opposé à l'arrestation des Commissaires parce que cette mesure, et je l'ai dit, tendoit à opérer la guerre civile et à rompre l'unité du peuple françois ; cependant je ne puis accuser mes collègues de mauvaise intention : je me plais à croire qu'il n'y a eu qu'erreur.

A Sedan, le 23 pluviôse l'an 2e de la République Française une et indivisible.

LE NOIR.

XIV. Déclaration de Gigou de Saint-Simon.

Etant de service au halle, je n'arrivay que très-tard à la Commune où étoient les députés, et où il y avoit une immensité de monde : je ne pus entendre ce que Desrousseau leur disoit ; j'entendis un officier dire des choses très dures à Kersaint, au moment où je parlais avec D'Antonel, l'on fit à ce moment retirer ce qui étoit dans la salle : les députés firent voir leurs passeports, ils se trouvèrent écrits en entre ligne, ce qui fit naître des discussions, dont je ne me rappelle pas bien, mais je crois qu'il fut décidé de ce moment que les députés resteroient en arrestation jusqu'à ce qu'on eut reçu des nouvelles de l'Assemblée : je sortis, et au moment où je rentray l'on me dit que le Conseil général conduisoit les députés au Château ; je n'ay eu non seulement nulle connaissance ni même de soupçon que Desrousseaux ait eu aucune correspondance avec La Fayette ; lorsque je fus à la Municipalité le jour que La Fayette partit, l'on nous dit que Desrousseaux étoit parti aussi, ce qui est trouvé vray ; nous arrestames de suite d'aller chercher les députés pour les amener à la Commune, ce que nous exécutames de suitte.

Je me résume à ce que je n'ay point entendu ce que le citoyen Desrousseaux a pu dire de dur aux députés, je n'ay nulle espèce de connoissance qu'il ait eu aucune correspondance ou liaison quelconque avec La Fayette ; quant à son émigration, je crois qu'il n'est parti que par crainte.

Le 23 pluviôse l'an 2me de la République une et indivisible.

GIGOU St-SIMON.

XV. Déclaration de Mesmer le Jne.

Je déclare en mon âme et conscience dire la vérité.

Le jour de l'arrestation des Commissaires, j'ai passé la journée à mon jardin ; c'est à mon retour, environ vers les huit heures du soir, que j'ai appris leur arrestation ; j'ai été de suite en la maison commune où les commissaires étoient dans la salle où l'on plaide, l'on m'a dit qu'ils avoient des passeports qui n'étoient pas en règle ; je me suis retiré chez moi. Le lendemain, j'ai retourné à la Municipalité où l'on m'a donné le procès-verbal à signer en me disant et répétant qu'ils avoient des passeports qui n'étoient point en règle et qu'il falloit que je signe le procès-verbal jusqu'à ce qu'ils soient reconnus, et j'ai signé dans la bonne foi, mais je n'ai aucune connoissance que le Cen Desrousseaux ait eu des particularités avec le traître Lafayette ; quant à l'émigration du citoyen Desrousseaux, sa correspondance, dont j'ai eu connoissance dans le tems, prouvoit le contraire. Je déclare n'avoir aucune connoissance d'autre chose.

Je déclare dire la vérité sincère et véritable.

Sedan, le 20 pluviôse l'an 2me de la République française une et indivisible.

MESMER le jeune.

XVI. Déclaration de Chayaux-Caillon.

Je n'ai aucune connoissance que Desrousseaux ait eu des correspondances et intelligences avec La Fayette avant ni au moment de l'arrestation des commissaires de l'Assemblée Nationale.

J'arrivai à la maison commune le jour de l'arrestation desdits Commissaires, ignorant même qu'il dut en arriver, et je trouvai la salle pleine d'officiers de l'armée, qui injurioient les Commissaires et avoient l'air de vouloir se porter à des voies de fait contre lesdits Commissaires. J'eus même beaucoup de peine à passer pour me rendre à la séance.

Dans les différentes paroles que prononça Desrousseaux, je me rappelle qu'il dit aux Commissaires qu'il ne reconnoîtroit leur mission que quand il sauroit que l'Assemblée Nationale et le Roy jouiroit d'une entière liberté, car effectivement on ne la croyoit pas libre à Sedan, et comme tous les officiers de l'armée qui remplissoient la salle continuoient à injurier les Commissaires et vouloient influencer, même violenter l'assemblée, Desrousseaux les invita et leur enjoignit même de se retirer pour laisser la Municipalité libre, ce qu'ils ne firent qu'avec beaucoup de peine et presque de force.

Alors on causa tranquillement avec les Commissaires qui s'assirent même à la table avec les Municipaux, et Antonelle, l'un d'eux, convint même que l'Assemblée Nationale, à la journée du 10 Août, n'étoit pas parfaitement libre : on délibéra ensuite si on arrêteroit les Commissaires, ou si on se contenteroit de ne point reconnoître leur mission, et il y eut, autant que je me rappelle, deux voix plus que la moitié pour l'arrestation, et si le Conseil général eût été complet, je crois que cela n'aurait pas eu lieu : j'envoyai même un agent de police chez ceux qui étoient absents pour les faire venir et pour balancer, mais ils ne vinrent pas. L'usage, dans ce tems, étoit que, quand on avoit délibéré et que la majorité étoit acquise pour un avis, ceux même qui avoient été de l'avis contraire signoient la délibération, ce qui fut cause que tout le monde signa, je crois : je ne crois pas avoir signé parce que ce n'étoit pas mon avis, non plus que celui des citoyens St-Pierre, Caillon, Gigou St-Simon, Lenoir et autres dont je ne me rappelle pas.

Je suis sûr, par exemple, que si on n'eut pas mis les Commissaires en arrestation, ils eussent été assassinés par les officiers de l'armée et les agents de La Fayette, qui avoient, à ce que j'ai vu, tellement influencé une grande partie de la ville, que moy et Caillon, mon beau-père, n'osoient *(sic)* plus passer dans la ville qu'ils s'entendent *(sic)* dire « voilà encore deux B... de jacobins ».

Quant à la prétendue émigration de Desrousseaux, je crois et j'ai même la très-forte persuasion que, se voyant indignement trompé par Lafayette ou ses agents, il voulut mettre ses jours en sûreté et ne resta absent qu'autant de tems qu'il en fallut pour laisser passer la fureur que la trahison de La Fayette avoit attirée contre lui et contre la commune qui fut la cause innocente et malheureuse de cette affaire.

Le 23 pluviôse l'an 2e de la République française une et indivisible.

CHAYAUX-CAILLON
notable dans ce tems là.

XVII. Déclaration de Caillon.

Je déclare qu'étant substitut du procureur de la Commune de Sedan, j'ai assisté à la séance lors de laquelle ont été arrêtés les Commissaires de l'Assemblée Législative Kersaint, Antonelle et Peraldi, séance dont j'ignorais l'objet, et je me rappelle qu'au moment où ils sont arrivés, Desrousseaux, après avoir examiné leur passeport, leur déclara qu'il n'étoit point en règle ; que d'ailleurs l'Assemblée Législative n'étoit pas libre à l'époque du 10 août et qu'ils alloient être mis en arrestation ; voilà ce que j'ai pu recueillir de son discours dont la plupart des expressions me sont échappées. Bientôt la salle se trouva presque remplie, surtout par des officiers de l'Etat Major et de l'armée de La Fayette qui s'étoient rassemblés sans doute pour influencer la délibération du Conseil général de la Commune et dont quelques-uns accablèrent les Commissaires d'invectives et de menaces. Dans ces entrefaits survint Lenoir, procureur de la Commune, qui demanda qu'on déclarât aux Commissaires qu'ils étaient libres ; alors Kersaint reprit : « Si nous sommes libres, je demande des chevaux de poste » ; mais les vociférations des officiers de l'armée de Lafayette étouffèrent, si l'on peut s'exprimer ainsi, la proposition de Lenoir. Desrousseaux invita alors le peuple à se retirer, et la séance étant par ce moyen devenue plus calme, et après que les Commissaires se furent retirés dans une chambre voisine, il mit aux voix la question de savoir s'ils seroient arrêtés ou non : La majorité vota l'arrestation et tous les membres présents signèrent [même ceux qui n'étoient pas de cet avis]; je signai moi-même quoique je n'eusse pas donné de conclusions. Lenoir fut le seul qui se retira et ne signa point. L'on conduisit ensuite les Commissaires au Château avec une escorte nombreuse et quelques officiers municipaux, sans lesquels il est certain que leur vie aurait couru les plus grands dangers. Je ne me rappelle pas que Desrousseaux ait injurié les Commissaires ; j'observe, au reste, qu'ayant conversé une partie de la séance avec Antonelle et Gigou S'-Simon qui avoient été dans le même régiment, plusieurs circonstances ont dû m'échapper. Quant à son absence du territoire français, on l'attribuoit communément alors à la crainte qu'il avoit eu de perdre la vie, il ne m'appartient pas de décider si elle a le caractère de l'émigration. Enfin, en ce qui concerne le reproche qu'on lui fait d'avoir été l'agent de Lafayette, je déclare que, comme je n'ai jamais eu ni relations ni entretiens avec ce traître, dont je n'étois pas le partisan, et qu'en supposant qu'il ait eu des conférences avec Desrousseaux et autres (ce que j'ignore), je n'ai point été appellé, je ne puis donner là-dessus aucun renseignement, mais il n'est pas douteux que sans l'influence de La Fayette et sans les intrigues au moyen desquelles il avoit induit en erreur non seulement une partie du Conseil général de la Commune, mais encore d'un grand nombre de citoyens, et enfin sans les clameurs de nombreux émissaires qu'il avoit envoyés lors de l'arrivée des Commissaires, l'arrestation de ces derniers n'auroit pas eu lieu.

Sedan, le 23 Pluviôse l'an 2 de la République françoise une et indivisible.

CAILLON.

§ II

Les deux affaires Desrousseaux

(1792-1793).

Prévenu par un officier de La Fayette des conséquences terribles qu'allait entraîner l'arrestation des Commissaires, et désirant se soustraire aux menaces de ses adversaires, le maire était parti pour un voyage en Hollande, le 19 août, presque en même temps que La Fayette. Il devait rester absent jusqu'au 20 octobre, jour où il prêta le serment de fidélité à la nation ; à partir de ce moment il reprit sa place à la tête de la Municipalité et put croire le calme revenu dans la ville et dans sa vie ; mais le Ministre de l'intérieur, Roland, ne laissa pas passer ainsi son absence ; le 5 novembre, il ordonna de rechercher si Desrousseaux était coupable d'émigration, et le 28 novembre, nous voyons Ed. Béchet et Jacquet-Delattre nommés commissaires du Conseil pour assister à l'apposition des scellés chez lui. Le 14 décembre,

Roland, pressé d'en finir, ordonna aux administrateurs du district de provoquer les pièces et mémoires relatifs à cette affaire, et c'est le 21 que la discussion eut lieu : en voici le résultat :

« Le Conseil général (1) assemblé pour discuter « la question posée par lettre du Ministre de l'inté- « rieur du 5 : *la sortie de Louis-Georges « Desrousseaux des terres de la République « doit-elle être attribuée à l'exigence de son « commerce et à des circonstances qui ne per- « mettent pas d'y appercevoir le plus léger « caractère d'émigration ?* ouï le rapport fait par « le citoyen Davrange, officier municipal, du « résultat des avis et moyens contenus en 254 « mémoires, consultations et observations pro- « duites en faveur de Desrousseaux par les citoyens « de la cité ; ouï aussi les citoyens Mathieu-Henri- « Marie Bourguin, homme de loi, son défenseur « officieux, et Vassant, procureur de la com- « mune.... » décide à l'unanimité que Desrousseaux n'est pas coupable d'émigration, vu qu'il a entretenu toujours une correspondance suivie avec la Municipalité et s'est occupé d'acheter du riz pour la ville ; ordonne la levée des scellés apposés chez lui, et l'impression des défenses et rapports (2). Le 2 janvier 1793, Roland confirmait par lettre la décision du Conseil en approuvant la levée des scellés (3).

Ainsi, dans cette première affaire, dont l'ex-maire sort absous, pas un mot de la séance du 14 août. Les décrets du 17 et du 18 août, mettant en arrestation les quatorze administrateurs du

(1) Le Conseil général ayant été renouvelé du 2 au 11 décembre 1792, Lemoine fut nommé maire, Vassant, procureur de la Commune. (*Sedan il y a cent ans, 1re partie*, pp. 131-136).

(2) La défense de Desrousseaux par Bourguin a été effectivement imprimée : *Discours de l'ancien maire de Sedan, prononcé à la séance publique du 14 décembre 1792, par Bourguin le jeune, homme de loi et juge-suppléant au Tribunal de Sedan. —A Sedan, de l'imprimerie de J.-B. Fourier, rue de l'Horloge, n° 481 ; in-8°, 6 pp.*

(3) D'après le registre des délibérations de la commune.

département, le procureur général syndic, le maire et le Conseil, sont restés lettres-mortes ; tout est fini, grâce à l'intervention des députés, du Conseil général du département, et des commissaires eux-mêmes (1) ; l'Assemblée, présidée par Hérault de Séchelles (2), a accordé aux officiers municipaux de Sedan délégués près d'elle les honneurs de la séance et ordonné l'impression de leur discours (3). Les ombres de mauvais augure, qui obscurcirent un moment le ciel radieux de la Révolution naissante, se sont dissipées ; Desrousseaux, rendu à la vie privée, va pouvoir se consacrer uniquement à ses affaires personnelles et à ses fonctions d'assesseur du juge de paix ; l'affaire du 14 août est enterrée.

Mogue et Vassant se chargeront de la ressusciter, après quelques mois de paix.

*
* *

(1) Lettre d'un des commissaires à l'armée du Centre, faisant part que le Conseil général du département a fait élargir les commissaires :

« Les administrateurs sont plus trompés que coupables et nous « prions l'Assemblée de leur pardonner leurs torts en faveur de « leur repentir. » (*Moniteur* du 21 août ; réimpression, p. 492).

Autre lettre des commissaires : « P.-S. D'après des notions « récentes et en revenant plus attentivement sur ce que nous « vîmes et entendîmes à notre arrivée, nous croyons devoir « attester que les officiers municipaux ont été trompés en pro- « portion de leur patriotisme et que leur rigueur était à la fois « l'effet et la preuve de leur sollicitude et de leur civisme. Nous « le répétons, ce ne sont pas eux qui sont coupables : ce serait, « en outre, dans les conjectures actuelles, une irréparable impru- « dence que de sévir contre eux, et de les enlever à une ville « que cette sévérité désespérerait. *Signé :* ANTONELLE, PÉRALDY, « KERSAINT. » (*Ibid.* p. 496).

(2) Hérault de Séchelles, le terroriste fougueux, fut élu président le 5 septembre.

(3) Séance du vendredi 31 août, six heures du soir : « M. Hérault occupe le fauteuil. Des officiers municipaux de Sedan [dont nous ignorons les noms] paraissent à la barre, et présentent un mémoire justificatif de leur conduite, par lequel ils exposent combien ils ont été trompés et égarés par les manœuvres et la perfidie de M. La Fayette. L'Assemblée leur accorde les honneurs de la séance, et ordonne l'impression de leur discours. » (*Moniteur* à cette date ; réimpression, p. 587).

Mogue commence par les administrateurs du département : en sa qualité de commissaire des Représentants du peuple envoyés près l'armée des Ardennes et de vice-président du Comité central de Salut public (1), il ordonne, le 9 juin 1793, l'affichage dans toutes les communes du département de la dénonciation qu'il vient de faire à la Convention contre les administrateurs des Ardennes ; en août, Mogue se rend à Paris et les dénonce au Comité de sûreté générale « comme royalistes, « rebelles envers la représentation nationale et « complices du tyran Capet et du traître La « Fayette. » Le 26 septembre, n'ayant pas encore abouti, il s'associe Vassant et Barreau (2) pour renouveler la dénonciation au même Comité. Le 15 octobre, le succès n'a pas davantage couronné leurs efforts. Cette fois, Mogue, Vassant et Barreau, escortés de délégués des Sociétés populaires de Sedan, Mouzon, Montmédy, Givet, Philippeville et Château-Porcien, se rendent à la Convention où le premier dépeint l'administration comme « fédéraliste, » et « tout le département « comme gangrené d'aristocratie (3). »

En présence de ce concours de plaintes, Bô, Hentz et Couppé (de l'Oise) sont envoyés dans le département. L'administration est arrêtée le 3 brumaire (24 octobre), mais comme elle n'a pas de peine à se justifier des accusations portées contre elle, elle est remise en liberté par un décret de la Convention du 26 novembre.

(1) Le Comité de Salut public, séant à Mézières, se composait en mai 1793 de : Mogue, vice-président ; Brion, Barreau, Enouf, Boutin, membres ; Vassant, secrétaire et membre du Comité.

(2) La correspondance entre Mogue et Vassant a toujours été très suivie ; outre les documents insérés dans le *Procès contre les oppresseurs du département* (15 germinal an III ; Mézières, imp. Trécourt), nous possédons les copies de nombreux renseignements sur les terroristes ardennais, grâce à l'obligeante communication toute récente d'un Sedanais.

(3) Vassant resta à Paris du 13 septembre au 21 brumaire an II-11 novembre.

Cet insuccès fit redoubler la rage de Mogue ; il jura qu'il aurait toutes ces têtes qui lui échappaient pour un instant. Et depuis, il frappera sans cesse, sourdement, jusqu'au jour où ses coups porteront (1).

Quant au Conseil général de Sedan en fonctions en 1792, personne ne semble vouloir le tourmenter : il n'en est pas de même de son ancien président. Desrousseaux est, sur une dénonciation au Comité de surveillance (2), mis en arrestation chez lui sous la garde d'un planton qu'il nourrit et paye à raison de trois livres par jour. Chaque détenu devant répondre à un questionnaire, voici les renseignements qu'il fournit sur lui-même, le 4 germinal — 24 mars 1794 :

« Louis-Georges Desrousseaux, domicilié à « Sedan, âgé de 41 ans 10 mois, marié, ayant « sept enfants vivants allaités par leur mère, âgés « de 17, 15, 14, 10, 8, 6, 4 et 2 ans, et 1 mois, « tous demeurans dans la maison paternelle excepté « le troisième qui est à Reims où il fait son cours « de mathématiques pour entrer dans le corps du « génie. Indépendamment de sa nombreuse famille, « le citoyen Desrousseaux s'est chargé depuis cinq « ans d'un vieillard qui était accablé d'infirmités « et dans un abandon absolu (3). »

Le 23 pluviôse précédent (11 février), l'ancien maire avait adressé au Comité une justification de sa conduite, qui nous fait connaître les motifs de la dénonciation, au nombre de quatre : 1° *d'avoir été l'un des agents de La Fayette* ; 2° *d'avoir contribué à l'arrestation des Commissaires le 14 août 1792 et de les avoir outragés ;* 3° *d'avoir été trouvé porteur du testament de*

(1) Extrait de la *Vie de Nicolas Mogue* parue dans le journal *les Ardennes* depuis le 21 août 1894. Le passage ci-dessus est extrait du numéro du 31 août.

(2) Composition du Comité de surveillance, le 16 ventôse an II-27 mars 1794 : Cendre, président ; Moutarde, Gratiot, Hermand, Béchet, Lorillière, Jacquet, Chrétien, Bauche, Leclerc, Connoissant, Bourguignon, Destrée, Mangin, Quinard.

(3) *Arch. com. de Sedan, Série Z., Art. 3.*

Capet; 4° *d'avoir passé à l'étranger*. Ainsi, l'affaire du 14 août, qu'on n'a pu discuter à l'occasion de l'arrestation des administrateurs, puisqu'elle aboutit à un non-lieu, revient sur l'eau ; elle va être jugée, non pas franchement, en mettant en cause *tous* les auteurs responsables de l'arrestation des commissaires, depuis le président de l'administration jusqu'aux notables sedanais, mais, incidemment, à propos du procès d'*un* homme, d'*un suspect* qui n'a fait ni plus ni moins que ses complices !

Quelle que soit la longueur de la pièce imprimée ci-dessous (1), nous la publions, en ajoutant que c'est comme appui à sa défense que Desrousseaux évoqua les témoignages rapportés plus haut (*Pièces justificatives* I-XVII) et en supprimant seulement deux passages de peu d'intérêt.

Aux membres composant le comité de surveillance de Sedan

CITOYENS,

Je suis en arrestation, comme suspect, depuis le 19 frimaire dernier, par les ordres du Comité de surveillance. Dès les premiers jours je lui avais présenté ma justification qu'il n'a pas même daigné lire.

Les motifs de la dénonciation sont :

1° D'avoir été l'un des agents de La Fayette.

Réponse

Je n'ai jamais eu avec lui d'autres relations que celles que nécessitait la place de maire que j'occupais alors ; et elles ont toujours été publiques ; je défie mes dénonciateurs de prouver le contraire.

2° D'avoir contribué à l'arrestation des Commissaires, le 14 août 1792 et de les avoir outragés.

Réponse

Je n'ai jamais eu plus de part à cet événement que tout le Conseil général de la commune où je n'avais que ma voix. Nous avons tous été égarés à raison de notre patriotisme, et nous avons partagé cette erreur avec les administrations du district et du département, et l'on peut dire avec presque toute la France trompée comme nous par le plus astucieux de tous les hommes : nous

(1) *Arch. comm. Série Z, Art. 7.*

l'avons expié par un prompt repentir. Les Commissaires détenus et ceux qui leur ont succédé rendant justice à la pureté de nos intentions nous ont réintégrés dans nos fonctions et l'Assemblée nationale par son décret du 1er septembre 1792 a confirmé les mesures qu'ils avaient prises à cet égard. C'est donc une affaire finie et pardonnée sur laquelle il n'y a pas à revenir.

Il est faux, du reste, que j'aye outragé par mes discours ou autrement les Commissaires arrêtés : ceux qui me connaissent savent combien j'en suis incapable, et les assistants à cette séance orageuse peuvent attester que loin de les avoir insultés, je leur ai peut-être sauvé la vie et que je les ai garantis des violences auxquelles allaient se porter les officiers et les soldats de l'armée qui inondaient la salle...

....

Mais il ne suffit pas, citoyens, d'avoir réfuté les différents griefs qui ont servi de motifs à ma détention ; je vous dois encore un compte sévère de ma conduite depuis 1789. Né en cette ville et ayant toujours eu mes concitoyens pour témoins de mes actions, ils vous diront que celui-là qui sous le règne des intendants et des maltotiers a eu le courage de les braver et de les combattre et qui dès sa jeunesse s'est montré l'intrépide défenseur des droits du peuple; qui dès l'aurore de la liberté s'est armé un des premiers pour sa défense; qui a levé presque entièrement à ses frais une compagnie de grenadiers patriotes, dans laquelle il a toujours fait son service en personne ; qui dans les différentes fonctions publiques qu'il a exercées pendant seize ans consécutifs a toujours fait preuve de zèle, d'exactitude et de désintéressement ; qui a constamment partagé son bien avec les indigents et sollicité pour eux des secours publics ; qui dans les années de disette s'est toujours empressé de procurer à cette commune des subsistances soit par ses démarches, soit par des avances de fonds dont une partie lui est encore due ; que celui-là que ses ouvriers appellent leur père, parce qu'en effet il les aime comme ses enfants et qu'il ne les abandonne pas dans le malheur et dans la vieillesse ; qui s'est présenté des premiers à la vente des biens nationaux et qui n'a pas attendu les événements pour payer complètement ceux qu'il a acquis ; qui, au moment où le danger de la Patrie a été proclamé, a secondé de tous ses efforts l'enrôlement des citoyens et a provoqué en cette ville l'établissement d'une caisse patriotique pour le soulagement des épouses et des enfants des défenseurs de la Patrie, et qui y verse lui-même 150 livres par mois, quoique son revenu n'excède pas 6.000 livres ; qui dernièrement encore a porté 3,000 livres dans l'emprunt volontaire et a, par ses discours et son exemple, déterminé les négociants de Sedan à y verser une somme qui s'élève déjà à plus de 200,000 livres ; que celui-là qui par une distribution gratuite de riz pendant l'année dernière a arraché un nombre considérable de familles à la faim qui les dévorait ; que celui-là qui dans la même année a fait don à la Patrie en habits, uniformes, capottes, fusils, tentes, toiles, chemises, bas, souliers, assignats, etc..., pour plus de 12,000 livres ; qui a contribué par de généreux sacrifices au rétablissement d'un de nos concitoyens qui, l'été dernier, a vu son usine consumée par les flammes ; qui a délivré le patriote Gérard, fait prisonnier, et prêt à être immolé par les traîtres émigrés ; qui par une adresse énergique aux Liégeois n'a pas peu contribué à électriser en eux le feu sacré de la liberté ; que celui-là enfin qui s'est chargé d'un vieillard, qui s'est toujours montré bon fils, bon époux, bon père, ami fidèle ; qui a donné à la Patrie onze enfants, dont neuf sont vivants, allaités par leur mère et élevés dans les vrais principes républicains ; et qui a toujours sacrifié à son pays son temps, sa fortune, sa santé et toutes ses facultés morales et physiques, ils vous diront, ceux que vous voudrez interroger, que celui qui s'est toujours comporté de la sorte n'est pas un patriote d'hier et qu'on ne peut sans injustice le classer parmi les gens suspects.

C'est donc avec confiance, citoyens, que je réclame votre justice auprès du représentant du peuple envoyé pour juger les détenus et que je vous suplie de lui demander ma liberté, ce bien précieux que je n'ai pas.

§ III

Avant et après le 15 prairial.

On sait que, sur les trente et un membres composant le Conseil général de la Commune au 14 août 1792, vingt-sept seulement furent exécutés ; Lamotte-Germain était mort, Verrier et Caillon furent sauvés par le 9 thermidor, Ternaux était prudemment resté à l'étranger. Le reste de nos malheureux concitoyens fut mis en arrestation le 10 floréal (29 avril), conduit par les étapes de Mézières, Rethel, Illes, Reims, Fismes, Soissons, Villers-Cotterets, Crépy-en-Valois et Dammartin, à Paris où il arriva le 19, interrogé le 26 floréal (15 mai) au tribunal révolutionnaire, condamné enfin par jugement du 15 prairial.

De leur côté, les administrateurs du département, « accusés de complicité avec La Fayette et particulièrement d'avoir pris un arrêté à la date du 15 août 1792, approuvant l'incarcération des représentants du peuple par la Commune de Sedan, » avaient été arrêtés au nombre de douze sur vingt et un. Ces douze victimes payèrent de leur tête, le 19 prairial, quatre jours après Desrousseaux et ses compagnons, un égarement de quelques instants, et furent, avant tout, sacrifiés à la haine de Mogue et consorts. Leurs noms sont moins connus que ceux des Sedanais : les voici, tels que les donne la *Liste générale et très exacte des guillotinés*, etc., etc. (1) :

Henri Dessaulx, 47 ans, né à Bièvres, cultivateur, demeurant à Mont-Laurent.

Nicolas Boucher, 45 ans, né à Bar-les-Buzancy, y demeurant, notaire.

Jacques Chanzy, 63 ans, né à Vandy, y demeurant, cultivateur.

J.-B.-Antoine Bourgeois, 34 ans, né à Mézières, y demeurant.

Jean-Sulpice Gromaire, 56 ans, ex-notaire, demeurant à Chémery.

Etienne Deshayes, 43 ans, procureur-syndic à Rethel.

Pierre Namur, 60 ans, cultivateur à Lucquy.

Jacques Legrand, 45 ans, cultivateur à Bouvellemont.

Jean-Jacques Lemaire, 66 ans, né à Sainte-Ménehould, cultivateur, demeurant à Champigneulles.

J.-B. Blay, 29 ans, laboureur, demeurant à Wadelincourt.

Claude-J.-B. Gérard, 49 ans, né à Mouzon, demeurant à Sedan.

Marie-Claude-Gabriel Gérard, homme de lois, demeurant à Sedan, né à Mouzon.

Sans prétendre apporter ici de pièces nouvelles sur l'exécution, voici cependant quelques notes relatives à cette dernière période.

***

Les deux lettres ci-dessous du commandant de la place de Sedan, Garet, ont trait à l'arrestation de Noël-Laurent et de Fossoy ; ce sont les seules que possèdent nos archives (2) :

(1) N° VI. Paris, chez le citoyen Channaud, rue Eloi, 17, près le Palais. — Cf. *Arch. Nation.* W. 381, doss. 880, pièce 81.
(2) *Arch. comm. Série Z, art.* 14.

I

« Aux citoyens composant le Comité de surveillance de cette commune,

« CITOYENS,

« D'après les recherches les plus exactes faites par la gendarmerie pour mettre à exécution l'arrêté du représentant du peuple Levasseur, dont vous m'avez donné copie, je vous préviens que le nommé Noël-Laurent est parti hier ; le citoyen Verrier est absent ainsi que Ternaux ; quant à Fossoy il a quitté d'habiter cette commune depuis près d'un an, et je ne sais pas où est sa résidence (1). J'attendray d'autres avis pour me gouverner.

« Salut et Fraternité.

[12 floréal an II]. « *Le Commandant de la Place,*
« GARET. »

II

Extrait d'une lettre du même, en date du 25 floréal an II :

« .... Le citoyen Fausoys partira à midy avec la diligence escorté par un gendarme à ses frais... »

Mais, tous les détails de l'arrestation étant connus, il reste à résoudre une question importante : *à la suite de quelles dénonciations furent arrêtés le Conseil général et l'administration du département?* Il paraît que les terroristes, susceptibles d'avoir commis cet acte de courage, n'étaient pas d'accord pour en attribuer la paternité à l'un d'entre eux : ils se disputaient ce haut fait comme d'autres le mérite d'une action d'éclat. La lutte, cependant, est circonscrite entre trois gros bonnets du terrorisme ardennais : Sorlet, Mogue et Vassant. Mogue écrit, en effet, à Barreaux le 29 pluviôse an II (17 février 1794) : « Je m'occupe ici (à Paris) avec Sorlet et Delecolle à faire triompher la cause de l'égalité sur notre frontière où l'aristocratie lève une tête audacieuse et criminelle (2). » Mogue déclare, dans un café de

(1) Ce passage rectifie le dernier paragraphe de la 9e période du *Sedan sous la Premiere Révolution* par M. Ch Pilard, où l'auteur, si bien informé d'ordinaire, affirme que Fossoy passa en Belgique, sur les instances de sa femme, au moment du décret d'arrestation.

(2) *Acte d'accusation contre les oppresseurs du département* déjà cité, p. 37. — C'est dans cette lettre que Mogue annonce à son ami que Robespierre et Couthon sont malades de fatigues, qu'il leur a donné l'accolade fraternelle et qu'il ira encore les voir.

Paris que, s'il pouvait obtenir une mission pour le département des Ardennes, « il en ferait guillotiner la plus grande partie, les regardant comme contre-révolutionnaires. » Dans une autre lettre à Barreaux, en date du 1er prairial, quinze jours avant l'exécution, il écrit, comme un homme sûr de son fait : « La guillotinade de MMs de Sedan ne rehaussera pas le courage des intrigans qui remuoient ciel et terre en leur faveur ; les patriotes espèrent que le département de 1792 les suivra de près... (1) » Vassant aussi revendique l'initiative de l'acte, et Sorlet qui n'entend pas perdre son droit exclusif écrit à Mogue le 13 messidor (1er juillet) : « Plusieurs fois depuis quelque temps, j'ai entendu dire que c'était toi et Vassant qui aviez dénoncé la Municipalité de Sedan et le département de guillotineuse mémoire; j'ai répondu à plus de cinquante personnes, à différentes époques, que c'était à moi qu'appartenait cet *honneur;* que c'était moi qui avais porté à Paris et fait passer au Comité de sûreté générale les pièces qui les a conduits à l'échafaud (2). »

Concluons donc, en admettant que tous trois, Mogue, Sorlet et Vassant, ont eu une part dans l'œuvre dénonciatrice et que, sur le terrain du crime, tous trois se valaient.

Quant à Vassant, dont la carrière politique intéresse plus particulièrement l'histoire de Sedan, nous aurions désiré faire la lumière complète sur son rôle en la circonstance. Il a, d'après M. Charles Pilard (3), prononcé à la Société populaire un réquisitoire contre la Municipalité ; mais de ce discours il ne reste plus trace nulle part. En dernier lieu, nous espérions le trouver dans un journal révolutionnaire imprimé à Sedan, rarissime, tout à fait inconnu et qui rapporte les séances des

(1) Pièces remises à Delacroix après le 9 thermidor et appartenant à un Sedanais qui nous a fourni les extraits ci dessus.
(2) *Acte d'accusation...* déjà cité, p. 37.
(3) *Op. cit.* même période.

Jacobins du Collège : le *Journal du Vrai Jacobin* auquel nous consacrerons un article. Malheureusement, l'exemplaire de la Bibliothèque Nationale(1) le seul, peut-être, qui existe encore, (en tout cas, le seul qui soit signalé), ne contient pas les n°s 9 à 12, parus entre le sextidi 26 ventôse (date du n° 8) et le sextidi 16 prairial (date du n° 13), pendant ces mois de germinal et de floréal, capitaux et décisifs dans notre histoire(2). Nous allons cependant profiter des renseignements fournis par les numéros existants.

*
* *

Le n° 13 parut précisément le lendemain de l'exécution des vingt-sept conseillers : il commence ainsi :

LES RÉDACTEURS DU JOURNAL
À LEURS CONCITOYENS.

FRÈRES ET AMIS,

« Les scènes désastreuses dont Sedan vient d'être le théâtre nous avaient forcés d'interrompre la rédaction de ce journal. Dès long-temps nous avions prévu les catastrophes qui ont agité le Département des Ardennes. Dès long-temps nous vous avions avertis, Frères et Amis, des dangers qui menaçaient les Patriotes, etc... »

On pourrait croire, n'était le titre du journal, qu'il s'agit là de ceux qui étaient en ce moment exécutés à Paris, et dont la mort était encore ignorée des rédacteurs ; mais il n'en est rien ; les persécutés, les victimes, ce sont les Jacobins ! L'article reprend en effet :

« Mais le triomphe éphémère du fédéralisme, ravivé sur le bord de sa tombe, n'a pas été long. La Convention, les deux Comités

(1) *Bibl. Nat. (Impr.)* Lc 11 940 ter. — Nous devons la connaissance de ce journal à l'obligeant Sedanais dont nous citons à chaque page les communications, et que nous ne saurions trop remercier.

(2) *Le Journal du Vrai Jacobin* paraissait, en effet, tous les trois jours : les tridis, sextidis et nonodis de chaque décade ; or, il y a entre ces deux dates *huit* décades entières (sans les fractions) et seulement *quatre* numéros.

sauveurs et les Jacobins étaient là. Le Patriote vertueux, chargé de fers, a parlé, et le Patriote vertueux a vu tomber ses fers. »

Et les rédacteurs terminent :

« Mais non, la justice est à l'ordre du jour, et chaque mesure des Comités sauveurs le prouve assez, en conduisant sans cesse le crime à l'échafaud. Que le crime tremble ! La plume de la surveillance est entre nos mains... Et bientôt l'air des Ardennes, purgé entièrement du souffle impur de tous les individus criminels, ne retentira plus que des accents chéris répétés à l'envie par les vrais Patriotes : *Vive la République, vive la Convention, vivent les deux Comités sauveurs, vive la Montagne, vivent les Jacobins !* »

Ce sont là des phrases trop vagues : pas un mot ne fait allusion directe au drame qui vient de se dérouler ; le journal n'apprend même pas à ses lecteurs les nouvelles qui les touchent de plus près ; pas un article des n^os^ suivants ne parle de cette victoire pourtant si éclatante des terroristes.

Trouverons-nous dans les récits des séances du Club, quelque chose de plus ? Non. Et cependant, le procès-verbal de la séance du 27 prairial (15 juin) mérite d'être reproduit parce que cette séance fut consacrée à l'apologie de Levasseur, signataire de l'arrêté d'arrestation du 10 floréal, et montre bien l'état d'esprit des Jacobins à ce moment (1).

SOCIÉTÉ DES JACOBINS DE SEDAN

Séance du 27 Prairial

PRÉSIDENCE DE DURÈGE.

La séance a été ouverte par la lecture du décret pour l'organisation du tribunal révolutionnaire... Au moment où la discussion étoit ouverte, le représentant du peuple LEVASSEUR est entré dans la Société avec le patriote Wirion, chef de brigade de la gendarmerie nationale, les cris mille et mille fois répétés de *vive la République*, ont prouvé à ces deux excellents républicains combien le peuple étoit pénétré de joie de les revoir dans le sein de Société.

LEVASSEUR, après avoir entendu la discussion, est monté à la tribune, et, déployant cette énergie mâle et laconique qui dépeint si bien le feu du patriotisme dont son cœur est embrâsé, il avertit

(1) *Journal du Vrai Jacobin*, n° 17 ; nonodi 29 prairial.

le peuple de se mettre en garde contre les insinuations perfides des caméléons et des prothées, qui prennent toutes les formes pour servir tous les partis contraires à la liberté, etc.... Frères et amis, le peuple de Sedan est attaché à la République, les efforts courageux qu'il a déployés dans les derniers combats lui ont mérité les éloges de la Convention nationale, il s'en rendra digne et j'espère que le département des Ardennes, purgé des traîtres et des conspirateurs, sera un foyer brûlant, où l'amour de la patrie électrisera tous les cœurs. Son discours, plein de feu, produit un élan sublime..., cette séance, dont tous les momens ont été animés par l'enthousiasme sacré de la liberté, s'est terminée par les chants d'allégresse.

Vers sur la mission du Représentant du Peuple Levasseur dans le Département des Ardennes.

Dans les champs que la Meuse arrose de ses eaux
Quoi, la discorde encore agitoit ses flambeaux !
Sur les murs de Sedan un général perfide (1)
Souffle le royalisme et sa rage homicide :
Cet infâme proscrit, l'horreur de son pays,
Courut chez les tyrans rejoindre ses complices ;
Mais légua son génie à de nombreux amis.
La trahison et l'or soudoyoient tous les vices,
Contre la Liberté d'intérêts réunis.
Déjà maint Patriote aux outrages en proie,
Jusqu'au fond des cachots indignement traîné,
Victime des méch ns signalés par leur joie,
Dans leur vaine espérance étoit assassiné.
La justice voit tout de son œil invisible.
Des ordres émanés d'un Comité Sauveur
Tout-à-coup dans Sedan ont lancé Levasseur.
Les éclairs sont moins prompts, la foudre est moins terrible,
Soudain les scélérats, reconnus et saisis,
Aux pieds du tribunal sévère, incorruptible,
Qui dicte des arrêts inspirés par Thémis,
Sont conduits et bientôt sont punis de leurs crimes.
Le Député du Peuple, éclairant les abymes
Où l'intrigue entraînoit les Citoyens surpris,
Fait partout à l'erreur succéder la lumière.
Dans son repaire, en vain l'aristocrate espère,
En vain il croit fléchir Levasseur sur son sort,
Dans la Fosse-aux-Lions (2) on doit trouver la mort.

Par un SANS-CULOTTE.

Des vers qui finissent par un jeu de mots, et

(1) Lafayette. *(Note du journal)*.
(2) Nom d'une ferme aux environs de Mézières, près de Signy-Librecy, où le Représentant du Peuple s'est retiré pendant quelques jours pour rétablir sa santé. *(Note du journal)*.

célèbrent la fermeté d'un homme qui s'en repentira plus tard (1), voilà comment, en une séance mémorable et peu connue, on communiqua aux Jacobins de Sedan la nouvelle officielle de leur triomphe contre les modérés. Ces gens-là devaient être plus expansifs en mainte autre circonstance et nous les retrouverons, brisant les dieux qu'ils adoraient, assez lâches pour féliciter la Convention du renversement des Robespierristes, après le 9 thermidor, ce qui ne sauva d'ailleurs pas leurs chefs de la guillotine (2).

***

Quant au Conseil général de la Commune (3), il prit, après l'exécution de Desrousseaux et des autres conseillers, diverses mesures nécessitées par la confiscation des biens des condamnés : le 18 prairial, il nommait quinze commissaires pour l'apposition des scellés chez eux ; le 19, des commissaires de surveillance pour cinq fabriques (Edouard Béchet, Legardeur le jeune, Raulin-Husson, Rousseaux et Desrousseaux), et une teinturerie (Lenoir-Peyre) privées de leur chef ; le 22, d'autres commissaires pour vérifier les scellés et faire inventaire.

Les fortunes de vingt-sept notables confisquées, cinq usines laissées sans patron, seize veuves, *soixante-seize* orphelins, une répression violente quand viendrait la réaction, deux mois après, — tel était le bilan des résultats terribles qu'avait amenés le jugement du 15 prairial. La Convention, rendue à la liberté et à la justice par la mort des terroristes, allait-elle rester sur ces conséquences

(1) Cf. Extrait des *Mémoires* de Levasseur, dans la 4e série des *Souvenirs Sedanais* de M. H. Rouy, pp. 179-186.

(2) Voy. les procès-verbaux de la *Société Jacobite* que nous publierons plus tard.

(3) Le Conseil avait été renouvelé par un arrêté de Roux (2 germinal — 22 mars 1794) et était composé en grande partie de modérés (Ch. Pilard, *op. cit.* 8e période).

néfastes pour les familles, déjà si cruellement éprouvées, pour l'industrie même du pays, accablantes à jamais pour la mémoire impure des Comités parisiens? Les veuves, les orphelins qu'ils avaient faits ne le crurent pas, et c'est avec l'exposé de leur demande, envoyée à Paris en fructidor et appuyée par les députés des Ardennes, que nous achèverons la série des pièces inédites publiées dans cette étude (1) :

LIBERTÉ, ÉGALITÉ, FRATERNITÉ.

A la Convention nationale.

REPRÉSENTANTS DU PEUPLE FRANÇOIS,

Des veuves infortunées, des orphelins privés de l'appui de leurs parents, viennent vous demander un acte de justice, et ils croient lire leur réponse dans un arrêté du Comité de sûreté générale du 6 fructidor présent mois.

Une erreur involontaire, reconnue aussitôt que commise, et pardonnée à l'instant par l'Assemblée législative, servit de prétexte à la condamnation à mort d'excellents patriotes de Sedan, du maire, de neuf officiers municipaux, de seize notables et du Procureur de la commune, qui étaient en activité quand cet événement eut lieu.

Un tribunal, dirigé par l'infâme Robespierre, mit de côté et la conduite républicaine de ces hommes qui n'ont cessé d'être investis de la confiance publique, et la conviction à laquelle on ne peut se refuser qu'ils étaient loin d'avoir des intentions perfides, et le décret du 1er septembre suivant qui prononçait leur absolution d'après le rapport de députés envoyés dans le département des Ardennes; ainsi nos maris et nos pères ont été ravis à la Patrie le 15 prairial dernier.

Représentants du peuple, votre Comité de sûreté générale vient de reconnaître que ce décret a encore toute sa force, et qu'on ne pouvait rechercher les anciens fonctionnaires pour raison de ce qui arriva dans le département en août 1792. Il a en conséquence ordonné la mise en liberté de ceux qui auraient été immolés à l'ambition du Tyran, si ces projets n'avaient pas été déconcertés.

C'est d'après cette décision qu'un officier municipal [Verrier] et le substitut du procureur de la commune d'alors [Caillon], sont rendus à leurs familles et aux droits de citoyen Nos maris, nos pères n'étaient pas plus coupables qu'eux, et si vous deviez cet acte de justice aux deux membres de cette municipalité qui ont échappé au glaive du Tyran, n'avons-nous pas droit à une espèce d'adoucissement à nos peines? Car qui se le dissimulerait? Nous avons perdu ce que nous avions de plus cher au monde après la Patrie. — Représentants du peuple, nous ne demandons pas la

(1) *Arch. des Ardennes, série L, art.* 585.

révision d'un procès qui n'aurait jamais dû être fait, vu le décret du 1er septembre 1792, mais seulement la levée du séquestre apposé sur les biens de nos maris et de nos pères; c'est la conséquence nécessaire de l'arrêté du Comité de sûreté générale du 6 fructidor.

Vive la République! Vive la Convention!

[Signé]:
Veuve Édouard Béchet, mère de 4 enfants mineurs.
Veuve Chayaux, mère de 4 enfants mineurs.
Veuve Grosselin, mère de 6 enfants.
Veuve Jacquet, née Délatre, mère d'un enfant.
Veuve Noel, née Laurent, mère de 5 enfants.
Veuve Ludet, mère de 5 enfants.
Veuve Edet, mère de 5 enfants.
Rousseau, pour sa mère, veuve et mère de 4 enfants.
Veuve Mesmer, mère de 6 enfants dont un à la guerre.
Veuve Fournier, mère de 3 enfants.
La femme Dalché, pour mon mari et beau-frère.
Veuve Gibou, pour moi et mes trois enfants.
Veuve Poulain-Legardeur, mère de 3 enfants.
Veuve Lenoir, épouse Hennuy, mère de 6 enfants.
Veuve Matis-Desrousseaux, mère de 9 enfants mineurs.
Petitfils, orphelin de père et mère, tant pour moi que pour mon frère et 6 sœurs (1). »

Quelle fut la réponse de la Convention? Malgré l'absence de tout document à cet égard, nous pensons qu'elle fut favorable aux veuves et aux orphelins, car la grande assemblée sembla vouloir anéantir jusqu'aux dernières traces du crime de ses prédécesseurs, et le Comité de Sûreté générale — nouveau modèle — avait pris à cet effet un arrêté auquel fait allusion la pétition et que nous résumons brièvement (2).

Par acte du 6 fructidor an II (23 août 1794) et vu le décret de l'Assemblée législative du 1er septembre 1792, il avait décidé :

« 1° Que les citoyens membres de l'adminis-

(1) L'avis des députés qui accompagne cette pièce nous fait connaître que Delacroix avait accordé un sursis de trois mois pour la vente des biens; il nous apprend aussi que les Sedanais se sont refusés d'assister et d'enchérir aux séances de ventes, montrant ainsi qu'ils ne croyaient pas à la culpabilité de Desrousseaux et de ses compagnons.

(2) *Arch. des Ardennes*, L. 568 fol. 45 r. (Registre des arrêtés du district de Sedan, n° 215).

tration du district de Sedan, les maire et officiers municipaux de Mézières-sur-Meuse et de Mouzon qui étoient dans l'exercice de leurs fonctions dans le mois d'août 1792, ne pourront être inquiétés à l'avenir ;

« 2° Que le citoyen Philippoteaux, ex-président du département des Ardennes, contre lequel il a été décerné un mandat d'arrestation, lequel est absent ou arrêté, pourra rentrer chez lui ;

« 3° Que tous ceux des anciens fonctionnaires publics qui sont actuellement en état d'arrestation à l'occasion des événements arrivés dans le département en août 1792 seront mis en liberté. »

Tel est l'acte de justice et de pardon qui termine, équitablement, la terrible affaire que nous avons racontée à notre tour. Venu après d'autres publications, il ne nous restait plus qu'à glaner des notes éparses, des pièces peu connues que nous avons mises au jour avec plaisir, car si toutes ne donnent pas la clé de la marche des événements, du moins elles éclairent en partie divers détails jusque-là obscurs. Il nous a fallu, au cours de cette étude, et à plusieurs reprises, prendre parti pour ou contre les meneurs de 1794 : cela nous a été facile et doux. Il est bon, même nécessaire, de préciser, par des exemples choisis et documentés, les accusations souvent un peu vagues dont on se contente pour faire leur procès ; et si les défenseurs des terroristes opposent au sang versé par leurs mains le sang versé par leur propre châtiment, sans vouloir approuver la réaction thermidorienne, où coula, hélas ! trop de sang, même impur, on peut dire que les uns ont succombé souvent en victimes et les autres souvent en coupables.

VII

La taxe sur le pain et le prix du pain

de 1792 à l'an III

Les troubles intérieurs et extérieurs engendrés par la Révolution ne pouvaient manquer d'avoir leur répercussion sur l'état économique de la France. Les denrées de première nécessité, les salaires, les traitements, la valeur même du papier-monnaie se trouvèrent, par suite de crises multiples et difficiles à conjurer, exposés à des variations nombreuses et soudaines qui altérèrent profondément la rigueur des lois économiques. A ces variations trop brusques, menaçant, jusque dans leur existence, les habitants des villes et des campagnes, les Comités et les Administrations diverses, qui dirigèrent la politique interne du pays entre 1789 et l'an III, cherchèrent à appliquer des remèdes de natures différentes et d'ailleurs souvent inefficaces contre la famine et la disette.

Deux moyens seulement furent mis en œuvre par la Municipalité sedanaise : la *taxe sur le pain* et le *maximum*. Nous les étudierons d'après les Registres des délibérations et les Archives communales, sans prétendre d'ailleurs épuiser le sujet encore si peu exploré.

***

M. L. Biollay, dans un livre remarquable auquel

nous renverrons souvent (1), constate que, si l'on connaît avec une approximation suffisante le prix du blé en 1790 et en 1793, on n'a guère d'indications sur le prix du pain à la même époque. Pour combler cette importante lacune, il recourt à des procédés indirects qui, pour la région du Nord-Est (dont fait partie le département des Ardennes), mettent le prix du pain, en 1790, de 1 s. 11 d. à 2 s. la livre (2).

L'état économique de la France était alors très satisfaisant : à la fin de l'année, le prix était descendu à un taux où, d'après le *Moniteur*, « on l'a rarement vu descendre dans les temps de prospérité. » Cet état de choses ne devait pas durer, à Sedan en particulier.

Nous allons suivre, d'aussi près que possible, les variations du prix du pain dans notre ville, et nous pouvons le faire, grâce aux renseignements fournis par les taxes de prix qu'il appartenait au Maire d'établir en vertu de la loi des 19-22 juillet 1791, art. 30 (3).

Le pouvoir qu'avait le Maire d'imposer aux boulangers un maximum de prix de vente fut appliqué sans retard. La taxe était dressée chaque semaine et, en juin et juillet 1792, le prix du pain atteignait déjà 3 s. 2 d., ainsi qu'il résulte d'une délibération du 14 juillet de cette année. Cette délibération fut provoquée par les plaintes de la majeure partie des citoyens. On avait observé que la périodicité de la fixation de la taxe constituait un abus : « Les marchands de bleds qui s'attendent à cette taxe augmentaient le prix des grains dans la même proportion. » Pour dérouter les spéculateurs, la Municipalité avait essayé de ne plus faire la taxe à jour fixe et, en conséquence, le taux de

(1) *Etudes économiques sur le XVIIIme siècle : les Prix en 1790*; Paris, Guillaumin, 1886.

(2) *Op. cit.*, pp. 101-104.

(3) Nous ne donnons pas de références aux Registres des délibérations; on trouvera les textes cités à leur date dans ces Registres.

3 s. 2 d. était resté uniforme entre le 18 juin et le 14 juillet, quoique le cours des blés eût varié dans l'intervalle (1). Mais en conjurant un abus, on tombait dans un autre : le prix des grains ayant haussé, les boulangers avaient perdu par suite de la rigidité de la taxe ; pour rétablir l'équilibre, le Corps municipal décida (14 juillet) qu'il convenait de laisser subsister le taux de 3 s. 2 d., malgré la baisse survenue à cette date sur le cours des grains, jusqu'à ce que les détaillants soient indemnisés dans une juste proportion.

Cette décision était équitable, mais la politique s'en mêla ; on alléguait que le Corps municipal avait « cédé à des instances populaires » et s'était regardé comme astreint à faire la taxe à date fixe depuis la réclamation ci-dessus rapportée. Lenoir, procureur de la commune, éprouva le besoin de protester contre ces bruits, et fit déclarer que « le droit de taxer le pain étant *une des fonctions propres au pouvoir municipal*, » la Municipalité était libre d'y procéder quand et comme elle le jugeait, en se réglant sur le tarif donné et approuvé par le Directoire du département, le 3 novembre 1789 (délib. 28 juillet).

Six mois après, à la suite de la campagne de l'Argonne, le grain se vend 39 l. 10 s. le sac (2), mesure locale. La livre de pain est portée à 4 s. 3 d., d'après le tarif de l'Administration (24 décembre). Les boulangers protestent ; ils voudraient qu'on suive un autre tarif. Oudin et Varroquier sont nommés pour expérimenter le rapport déposé par Chaussel, officier municipal, relativement à un mode nouveau de calcul (26 décembre) ; mais à la séance du 1er janvier 1793, on déclare s'en référer

(1) D'après le résultat des marchés des 20 et 23 juin, le prix aurait dû être de 3 s. 5 d. ; par celui des marchés des 4 et 7 juillet, de 3 s. 5 d. 1/2 ; par celui des marchés des 11 et 14 juillet, de 3 s. 3 d. 1/2.

(2) Il s'agit du sac de 200 livres, comme on le voit un peu plus loin. La livre (poids de marc) la plus usitée en France et divisée en 16 onces valait 490 grammes environ.

pour l'avenir au tarif de l'Administration du 3 novembre 1789.

Pendant l'année 1793, le prix se maintiendra à une limite raisonnable et n'atteindra pas encore son maximum, mais quelles mesures, vraiment révolutionnaires, n'a pas dû prendre le Corps municipal de cette époque, pour entraver la hausse inévitable du pain.

Il défend d'abord de faire de la pâtisserie, et ordonne de ne plus cuire qu'une sorte de pain, tant que le prix du beurre ne sera pas revenu à 15 s. la livre et celui des œufs à 20 s. le quarteron. Le prix du pain est alors (15 mai 1793) fixé à 4 s. 9 d. la livre de 16 onces (1). Défense est faite à tout boulanger domicilié à Sedan, ou forain, de dépasser ladite taxe, sous peine d'être de suite traduit à la police extraordinaire. Le mois suivant, le prix aurait dû baisser, car le froment est descendu à 30 liv. 10 s. ; mais, à raison de la cherté du bois, la Municipalité s'écarte du tarif ordinaire, en vertu duquel le taux devrait être de 4 s. 2 d. 2/5 la livre poids de marc, et le fixe à 4 s. 6 d., à partir du 5 juin (délib. 4 juin). Pour maintenir ce prix, on est obligé, dans le même mois, de distribuer aux boulangers six sacs de blé sur les subsistances emmagasinées à Sedan ; les détaillants ne devront pas excéder la taxe sous peine de huit jours de prison et, en cas de récidive, de peines plus fortes, déterminées par la Municipalité. La sortie du pain est interdite. Ce sont les vétérans de la garde nationale, en état de réquisition permanente, qui surveillent les portes de la ville pour empêcher la sortie du pain.

Les grains deviennent rares. A plusieurs reprises, on envoie des commissaires à Vouziers, Grandpré et Rethel. On fait le recensement des approvisionnements de la ville. Malgré tout, nous constatons une légère diminution à partir du lundi 7 octobre : le sac de blé du poids de 200 livres est fourni aux

(1) Ch. Pilard, *op. cit.*, 6me période.

boulangers à 37 l. 10 s. ; en conséquence, la livre de pain tombe à 4 s. 3 d. (délib. 4 octobre). La diminution est rendue plus sensible à la suite de l'arrêté du département du 3 pluviôse an II, qui fixe le quintal de froment à 17 l.; à partir du 8 du même mois (délib. 27 janvier 1794), les Sedanais ne paieront plus que 3 s. 6 d. pour la livre de « bon » pain (délib. 7 pluviôse). Mais les prescriptions communiquées aux boulangers sont des plus rigoureuses : défense de faire plus d'une sorte de pain ; d'en vendre de chaud, d'en vendre à aucun militaire ou étranger, sous peine de prison et de 25 l. d'amende au profit du dénonciateur. De même, défense à ceux qui ont du grain ou de la farine chez eux, et aux militaires ayant du pain de munition, d'acheter chez les boulangers. Ceux-ci ne pouvaient guère se déclarer satisfaits de l'arrêté du 7 pluviôse ; le tarif était trop bas ; ils réclamèrent et le prix fut élevé à 3 s. 9 d. (19 pluviôse = 7 février 1794).

Jusqu'alors, la majorité des habitants n'avait pas trop à se plaindre. Entre pluviôse et germinal, tout change. Le pain qui, jusque-là, était fait de pur froment, ne peut plus être désormais confectionné qu'avec un mélange d'orge dans la proportion d'un quart orge et trois quarts blé. C'était là le procédé auquel on avait recours dans les temps de cherté (1). Le sac des grains mêlés, du poids de 200 livres, tomba à 31 l. 10 s., le prix du pain redescendit à 3 s. 6 d. (7 germinal = 27 mars). Huit mois plus tard, le même pain composé de deux parties de froment pour une de seigle ou d'orge, valait 4 s. 6 d. (30 brumaire an III = 20 novembre 1794) (2). Mais on se plaint de la malfaçon du pain et Bourguin-Brasseur, Jeanjean père et Bridier, anciens boulangers, sont chargés de surveiller la manutention et les mélanges aux moulins. Le prix

(1) P. Biollay, *op. cit.*, p. 103.

(2) A cette date, le quintal de froment valait 20 liv., le seigle 13 l., l'orge 11 l. 15 s. (non compris 2 l. 10 s. pour le transport). Le quintal doit s'entendre du quintal (100 livres) poids de marc = 49 kilos environ.

se maintint autour de 4 s. 9 d. au commencement de l'année 1795, malgré la hausse considérable des grains (1), et grâce aux sacrifices du Conseil général qui vendait aux boulangers le sac de mélange 43 l. 10 s. quand il lui revenait à 103 l. 10 s. ! Le Conseil lui-même ne voulut plus, quelques jours après, augmenter le déficit de la ville. Il avait acheté plus de 3,000 quintaux de blé sur la revente desquels la ville avait perdu 7,000 l. A partir du 27 nivôse (16 janvier), il décide qu'on dressera une mercuriale et que le prix du pain sera fixé d'après le taux des achats.

Cette décision amena à la Commune une foule compacte de citoyens. A la séance du 29 nivôse, en présence d'un grand nombre de protestataires et touché de l'extrémité où est réduite la classe indigente du peuple, le Conseil général revint sur sa délibération. Le pain d'une seule et bonne qualité aura deux prix : les citoyens aisés le paieront à un prix proportionné à l'achat des grains ; les citoyens peu fortunés à 6 s. la livre et pas plus. Toutes ces mesures n'étaient, hélas ! que des expédients : la disette augmente. En pluviôse, on n'a plus que du riz à distribuer. Du 20 au 28 du même mois (8-16 février), le pain vaut 12 s. 6 d., le quintal coûtant 61 l. La misère grandit en ventôse. Les boulangers acquièrent le droit de refuser le pain aux gens aisés, artistes et chefs d'atelier. Ils s'en procureront où ils voudront. Et pendant ce temps, les porte-aux-sacs obtiennent une augmentation de traitement ! On envoie partout des commissaires aux approvisionnements. Jacquillon est délégué à la Convention pour exposer la triste situation où se trouve la cité manquant absolument de subsistances et absolument dénuée de ressources pour s'en procurer (8 germinal = 28 mars).

C'en était trop. La famine était proche. Le peuple

(1) Le 13 nivôse (2 janvier 1795), le quintal de froment valait 24 l., le seigle 17 l. 10 s., l'orge 15 l. 10 s.

sedanais se souleva. Nous donnons le récit des troubles d'après les procès-verbaux officiels :

Le 17 germinal, à sept heures du matin, « le Conseil général, convoqué par les membres du Conseil permanent à se rendre sur-le-champ en la maison commune où, étant assemblé en séance publique, il n'a pu voir, sans la plus vive douleur, qu'un rassemblement s'y était porté pour présenter en masse des plaintes sur le manquement absolu de subsistances. Chacun des membres ayant, par tous les moyens de représentation qu'il a été en son pouvoir de prononcer, cherché à calmer l'agitation qui animait les esprits, et à convaincre que si le peuple souffrait des terreurs de la famine, il ne devait en faire un crime à la Municipalité, qui se trouvait elle-même dans le même cas et qui avait épuisé toutes les ressources et tous les moyens qui sont venus en la connaissance du Conseil pour tirer ses concitoyens de l'état de disette où ils se trouvaient, après quantité de plaintes les plus amères, le peuple s'est retiré de la Municipalité et s'est porté à l'Administration du district avec plus de tumulte encore et en plus grand nombre ; là il a réitéré ses plaintes, et demandé du pain à grands cris, et la fermentation était poussée à un tel point, que les femmes, malgré la garde de poste de la Place, en ont tiré le tambour qu'elles ont forcé de battre la générale ;

« Enfin, le Conseil général, vu l'état de crise où se trouvait la cité, a requis le général Prestat, commandant la place, et le commandant temporaire de déployer la force armée et de la répartir dans différents points de la ville pour empêcher qu'il n'arrivât des malheurs, et cette mesure quoique vivement exécutée, paraissant encore insuffisante pour calmer les esprits, le Conseil général a cru devoir faire la tentative d'une diminution dans le prix du pain, et sur ce, ouï le citoyen Mozet, l'un des membres du Conseil faisant les fonctions de substitut de l'agent national pour son absence, a arrêté en conséquence que, malgré que, suivant le mercurial, le prix du pain mis en distribution pour cette journée, revienne à la commune à *quarante-un sols six deniers la livre,* sera distribué à raison de *dix sols la livre*, et cette nouvelle répandue dans le peuple, le Conseil a eu le bonheur de voir le calme se rétablir peu à peu. Cette diminution paraissait d'ailleurs devoir produire un assez bon effet, puisque ce pain, composé de toutes sortes de petits grains, et tels qu'on peut les rencontrer, quoiqu'à très grands frais, ne présentait pas une bonne qualité. »

Mais, malgré cet énorme sacrifice, le peuple ne se calma pas. L'effervescence reprit trois jours plus tard :

« Le Conseil général prévenu par la voye *(sic)* publique que les mouvements populaires qui ont eu lieu le dix-sept du courant se manifestaient encore dans différents points de la commune, et que la malveillance semblait en tirer prétexte sur lequel s'était répandu, que le pain pour la distribution de cejourd'hui devait être porté à quarante-six sols trois deniers la livre, fondé sur la mercuriale qui a été dressée du prix et de la manutention des grains et farines, Délibérant sur la question de savoir s'il n'y aurait pas à courir de très grands inconvénients, de faire payer la livre de pain quarante-six sols trois deniers qu'il coûte à la commune, à un peuple immense de tous gens de peine remplis de misère.... arrête que le pain sera distribué à *trente sols la livre.* »

Le peuple fut encore moins satisfait que les jours précédents. Il se porta à la commune et y demanda du pain à un prix plus modéré. Le Conseil requit alors le général ; la troupe dispersa la foule ; l'émeute fut enfin apaisée. « On le doit plus, constate le rédacteur du procès-verbal, à la modération du prix du pain qu'au pouvoir de la force armée. »

Le prix baissa un peu après que la Convention eût accordé un secours de 5,694 l. 18 s. 5 d. à la ville (23 germinal). Néanmoins, la famine ne cessait de peser cruellement sur notre ville. Le

Conseil général réclamait à grands cris au citoyen Hosteau, garde-magasin des vivres, *cinq pains de munition* pour les prisonniers (25 germinal) (1).

Après cette date, les documents nous manquent. D'ailleurs, la valeur de la monnaie diminue tellement que les prix sont des plus trompeurs. Ainsi, le prix du pain à Sedan est fixé à 9 et 10 francs la livre le 1er messidor (19 juin). A quoi correspond exactement ce chiffre étonnant? Nous ne saurions le dire. Tous les traitements, tous les prix, atteignent en l'an III, IV et V des taux déconcertants. Il nous faut arriver à la période où pareilles crises sont désormais conjurées, au Directoire et au Consulat, pour retrouver un tarif normal : le 9 frimaire an VII (28 novembre 1799), la livre de pain valait à Sedan 2 s. 6 d., soit 11 cent. 1/2.

---

(1) Ch. Pilard, *op. cit.*, 13me période.

APPENDICE.

Entre les nombreux documents qui pouvaient servir à illustrer la présente étude, nous en publions deux seulement qui se rattachent aux mesures prises par le Conseil général pour parer, dans une certaine mesure, à la famine de l'an II. — Le Conseil émit alors plusieurs arrêtés réglementant la distribution du pain chez les boulangers ; on verra par la lecture des textes suivants avec quel souci des détails et quelle sollicitude digne d'éloges il tenta d'enrayer la disette, compagne désastreuse de toutes les révolutions (1).

I.

Arrêté réglementant la distribution du pain chez les boulangers.

(7 Février 1794).

Cejourd'hui dix-neuf pluviôse l'an II de la République française une et indivisible,

Le Conseil général et révolutionnaire de la commune de Sedan assemblé, séance publique,

Considérant que depuis longtems le peuple se porte toujours en foule à la porte des boulangers pour avoir du pain, tandis que la quantité de grains qui se distribue chaque jour aux boulangers est d'après un calcul certain démontrée suffisante,

Considérant que cette disette factice n'est causée que par la malveillance de quelques citoyens qui font commerce de l'exportation du pain, malgré les mesures répressives prises par le Conseil, et de la peur de manquer qui porte d'autres citoyens à s'approvisionner de pain au delà de leur consommation journalière,

Voulant enfin faire cesser à la fois ces deux inconvénients, arrête ce qui suit :

ARTICLE PREMIER.

Le pain sera distribué par les boulangers sur des cartes de distribution dont sera porteur chaque chef de famille ; ces cartes porteront le nom du chef de famille, le nombre d'individus n'ayant pas de pain de munition et la quantité du pain nécessaire par jour à chaque famille.

ART. 2.

Ces cartes porteront en outre les trente jours du mois par ordre et sur deux colonnes.

(1) Arch. comm., registre des délibérations, à leur date.

ART. 3.

Le chef de famille ou un autre pour lui portera sa carte chez le boulanger pour avoir la quantité de pain qui y sera déterminé et de suite le boulanger rayera d'un trait de plume le chiffre marquant le jour du mois, de sorte que tout boulanger sera tenu de refuser du pain à celui qui se présentera avec une carte sur laquelle le jour du mois sera rayé.

ART. 4.

Pour faciliter la distribution de ces cartes qui doit se faire le même jour après avoir été annoncée la veille à son de caisse, la ville est partagée en 24 divisions ; un commissaire est attaché à chacune, ainsi qu'il suit :

1re division,	du no 1	au no	31	inclus,	André Gérard, taillandier.
2e	—	32	—	64	—	Charles Noizet, tondeur.
3e	—	65	—	96	—	Piolard, serrurier.
4e	—	97	—	136	—	Balagint, chirurgien.
5e	—	137	—	166	—	Chayaux père.
6e	—	167	—	194	—	Dalché père.
7e	—	195	—	218	—	Maltcet fils aîné.
8e	—	219	—	250	—	Thibaran, apoticaire.
9e	—	251	—	280	—	Chastel, serrurier.
10e	—	281	—	320	—	J.-B. Leroy.
11e	—	321	—	352	—	Boudard l'aîné.
12e	—	353	—	384	—	Lechanteur.
13e	—	385	—	416	—	Pierre Garet père.
14e	—	417	—	448	—	Debauve.
15e	—	449	—	480	—	J.-B. Jaillot.
16e	—	481	—	511	—	Ybert Brasseur
17e	—	512	—	544	—	Chrétien Boulande.
18e	—	545	—	578	—	Pierre Berthelemy.
19e	—	579	—	604	—	Laurent Villain.
20e	—	605	—	650	—	Berthe, commis.
21e	—	651	—	678	—	Cliquot, tanneur.
22e	—	679	—	708	—	Michel, sorilleur.

Les 23e et 24e divisions sont composées du Fond-de-Givonne, la Garenne, le Moulin-à-Vent, l'avenue de Balan et le Petit-Pont ; les citoyens Servais père et Malaisé du Fond-de-Givonne sont commissaires pour ces deux divisions et se concerteront pour régler l'étendue de leur division respective.

ART. 5.

Les commissaires iront de suite chez les chefs de famille de leur division pour déterminer avec eux la quantité de pain nécessaire par jour à leur famille ; ils en donneront un état qui leur servira à remplir les cartes de distribution ; en cas de contestation les commissaires en référeront au comité de subsistance de la Municipalité qui statuera.

ART. 6.

Les commissaires détermineront, de concert avec les aubergistes de leur division, la quantité de pain à leur délivrer par jour en aison du nombre de voyageurs qui logent habituellement chez eux ; cette quantité sera ajoutée à celle nécessaire pour la nourriture de la famille de ces aubergistes et portée en conséquence sur leur carte de distribution.

ART. 7.

Il ne sera pas délivré de carte de distribution aux citoyens qui se trouveront avoir du grain ou de la farine.

ART. 8.

A la fin de chaque mois, le chef de famille reportera sa carte chez le commissaire de sa division qui lui en remettra une nouvelle pour le mois suivant; le commissaire déposera à la Municipalité les anciennes avec un état de la quantité de pain qu'elles constateront avoir été fournie.

ART. 9.

Quant au citoyen qui s'étant trouvé avoir du bled ou de la farine l'aura consommé, il en fera sa déclaration au commissaire de sa division qui, après vérification, lui délivrera une carte de distribution, comme il est dit dans l'article 1er et l'inscrira sur un état particulier.

ART. 10.

Réciproquement quand un citoyen, ayant une carte de distribution pour le pain, se sera procuré du bled ou de la farine et sera tenu d'en faire sa déclaration au commissaire de sa division qui lui retirera sa carte, il l'inscrira aussi sur un état particulier et pour sûreté de cette déclaration, les acquits à caution qui doivent accompagner l'envoi de grains ou farine ne seront déchargés à la Municipalité qu'après que le commissaire de la division y aura mis son vû.

ART. 11.

Les commissaires enverront les primidis de chaque décade extrait de ces états particuliers à la Municipalité pour qu'elle puisse connaître les changemens survenus et délivrer du bled aux boulangers en raison de l'augmentation ou diminution des consommateurs.

ART. 12.

Si un citoyen a des plaintes à former contre un boulanger, il les portera au commissaire de sa division que le Conseil autorise à les recevoir et à constater le fait pour en faire rapport à la Municipalité.

ART. 13.

Tout citoyen qui ayant du bled ou de la farine se fera donner une carte de distribution pour du pain, sera regardé comme accapareur de subsistance et traité comme tel.

ART. 14.

Tout citoyen qui, par fraude, se fera livrer plus de pain qu'il n'est déterminé par sa carte, tout boulanger qui aura sciemment favorisé cette infidélité, en livrant cet excédent ou en ne rayant pas sur la carte le chiffre indiquant le jour du mois, seront traduits à la police municipale pour y être sévèrement punis et même déclarés suspects, selon l'exigence du cas.

ART. 15.

Il ne pourra sortir de la ville du pain de boulanger que pour les alentours de la ville faisant partie de la commune et désignés dans les articles 4 et 5 et cela sur la représentation de la carte de distribution ; faute de quoi le pain sera arrêté par la garde ou conseings *(sic)* des portes, déposé ensuite à la maison commune, le pain sera remis au boulanger choisi pour en faire la vente et le prix en provenant distribué par la Municipalité aux indigents et de préférence à ceux de la garde qui aura fait la saisie, s'il s'y en trouve.

ART. 16.

Les commissaires de division à qui le Conseil donne les pouvoirs suffisants, sont invités au nom du bien public de faire de fréquentes visites chez les boulangers de leur division, de dénoncer tous les abus qu'ils rencontreront ; le Conseil attend de leur zèle, de leur activité et de l'amour de la patrie, qui aiment tous les citoyens l'entier et heureux effet de cette mesure.

ART. 17.

Le présent arrêté sera imprimé, affiché et lu demain, jour de la décade, dans le Temple de la Liberté.

(Suivent les signatures).

II.

Arrêté réglementant la fabrication et la distribution du pain.

(23 Avril 1794).

Cejourd'hui quatre floréal l'an second de la République française, une et indivisible, le Conseil général de la commune de Sedan assemblé, séance publique,

Considérant que la cupidité et la malveillance d'un côté, de l'autre la crédulité et l'ignorance ont sçu rendre inutiles quelques-uns des moyens qu'il a adoptés par ses arrêtés précédens pour la distribution du pain dans cette commune ; convaincu qu'un de ses devoirs les plus importans est de veiller à ce que les subsistances ne soient pas détournées, ni délapidées ; voulant également rassurer ses concitoyens sur cet objet important en prenant les mesures les plus efficaces pour écarter les abus et prévenir toute malversation ; après avoir mûrement délibéré, l'agent national sur ce ouï, a arrêté ce qui suit :

1° Le Comité de subsistance de la commune délivrera à chaque boulanger la quantité de farine convenable, en raison de la perfection de son travail, il en tiendra registre et s'en fera donner un reçu chaque fois par le boulanger.

2° Le boulanger sera tenu de s'occuper de suite de convertir en pain la farine qui lui aura été délivrée et de transporter la totalité du pain qui en sera provenu, lorsqu'il sera refroidi, chez le commissaire de division qui lui sera indiqué et qu'il aura soin de prévenir, lequel lui en donnera un reçu. Le transport se fera aux frais du boulanger et il lui sera fait compte de la quantité versée sur le pied de la taxe.

3° Pour faciliter aux citoyens le payement, les boulangers ne pourront faire leur pain que des poids suivants : un tiers sera de 4 livres 4 onces, un tiers de 7 livres 2 onces et un tiers de 10 livres.

Ces pains seront bien façonnés et bien cuits, marqués de la marque particulière du boulanger et auront le poids ci-dessus, étant refroidis.

4° Il est expressément enjoint aux boulangers de se conformer exactement à toutes les dispositions des articles précédents, à peine de cent cinquante livres d'amende pour chaque contravention, même de détention, selon la gravité du délit, la récidive emportera la peine double et l'interdiction ; les délits seront jugés par le tribunal de police municipale.

5° La vente de pain sera faite aux citoyens par le commissaire de division exclusivement et il est défendu aux boulangers d'en vendre, distribuer et débiter à qui que ce soit sous les peines portées en l'article 4.

6° Les commissaires sont intéressés à s'assurer de la quantité réelle du pain qui leur sera remis chaque fois par les boulangers, soit en en pesant la totalité, soit en vérifiant le poids respectif de quelques pains de diverses grandeurs.

7° Ils distribueront le pain aux citoyens de leur division à raison de quinze sols le pain de 4 livres 4 onces, vingt-cinq sols celui de 7 livres 2 onces et trente-cinq sols celui de 10 livres.

Ils en recevront le prix ou compteront chaque décade au bureau des subsistances qui, après vérification, adressera le versement chez le trésorier de la commune.

8° Pour établir de la part des commissaires l'ordre nécessaire dans la distribution du pain, ils auront un registre sur lequel chaque chef de famille de leur division inscrira dans une colonne contenant son numéro, son nom, la quantité de pain qui lui est nécessaire par jour. Ce registre contiendra en outre trente colonnes perpendiculaires pour chacun des jours du mois, la quantité de chaque livraison sera inscrite par le commissaire dans la colonne correspondante au jour où elle sera faite.

9° La livraison sera aussi marquée par le commissaire sur la carte dont le citoyen sera porteur, au jour correspondant à celui de ces livraisons.

10° Le bureau des subsistances aura soin de comparer les reçus qu'il aura tirés des boulangers avec ceux que les commissaires auront délivrés auxdits boulangers et avec les états de distributions qui lui seront remis par les commissaires, afin de s'assurer de la bonne et fidèle manipulation des farines par les boulangers et de l'exactitude des distributions. A la première séance de chaque mois le bureau mettra sous les yeux du Conseil le résultat de ce travail ; ce bureau est d'ailleurs spécialement chargé de surveiller l'entière exécution des diverses mesures ordonnées par le présent arrêté.

11° Les précédens arrêtés du Conseil, sur l'objet de la distribution du pain, sont rapportés, en ce qui serait contraire au présent.

12° Les commissaires de division sont invités au nom du bien public à remplir avec un zèle vraiment patriotique les fonctions peut-être pénibles, mais aussi honorables que intéressantes qui leur sont confiées.

Tous les citoyens sont pareillement invités à concourir chacun en ce qui le concerne, à l'exécution des mesures arrêtées par la présente délibération et à dénoncer les abus qui pourroient venir à leur connaissance.

13° Le présent arrêté sera de suite imprimé au nombre de cent exemplaires, publié et affiché, un exemplaire sera remis à chaque commissaire et boulanger.

(Suivent les signatures).

VIII

Les prix à Sedan en 1790 et en 1793

d'après les tableaux du Maximum

L'histoire économique de la France, malgré les travaux très documentés dont elle a été l'objet dans ces dernières années (en particulier ceux du vicomte G. d'Avenel), est loin d'être aussi avancée que ne l'est l'histoire politique ou l'histoire des institutions. La province, qui, pour la construction d'un tableau général et vraiment concluant, devrait, ici comme en toute matière, accumuler les matériaux, n'a guère fourni que de rares renseignements sur le taux des salaires, des denrées et des marchandises du XVIe au XVIIIe siècle. Cependant la publication des *Livres de raison* qui est de mode à l'heure actuelle contribuera à augmenter nos connaissances du coût de la vie au « bon vieux temps ».

La présente étude est une contribution à l'histoire des prix à Sedan. Elle porte sur une période qui offre cet intérêt particulier de nous transmettre « comme un dernier reflet de l'état économique de l'ancien régime, » à une époque où les prix « n'avaient pas encore subi d'une manière appréciable l'influence des événements ». Et ce régime est encore si proche de nous qu'on peut faire constamment des comparaisons entre le taux de la vie à la fin du XVIIIe siècle et à la fin du XIXe. De plus, la raison qui a décidé M. P. Biollay à choisir de préférence les prix de 1790 existe aussi pour nous : grâce au maximum, ce sont ceux que nous pouvons le plus aisément découvrir (1).

Voici donc les sources auxquelles nous avons puisé les éléments de notre travail :

D'abord deux pièces tirées des archives communales donnent le taux des salaires en 1790 et en 1793 et le prix des denrées en 1790 seulement.

Le premier est un *tableau du maximum ou plus haut prix respectif des salaires, gages, mains-d'œuvre et journées de travail pour cette ville de Sedan* (2), dressé par les commissaires Villette, Lavigne, Lenoir et Garet fils, substitut du procureur de la commune, et approuvé par le Conseil général qui, dans sa séance du 12 frimaire an II (2 décembre 1793), en arrêta l'impression et l'affichage « dans tous les lieux accoutumés pour avoir son entière exécution. »

Le second est un *tableau supplémentaire du maximum des denrées de première nécessité qui n'avaient pas été comprises au tableau du premier maximum*, travail élaboré par une commission spéciale et adopté par le Conseil général en séance du 22 thermidor an II (9 août 1794) (3).

Ces deux tableaux ne sont que des documents complémentaires. Tous deux ont été dressés en exécution de la loi du 27 septembre 1793 ; ils complètent les données du *premier maximum* (juin-août 1793) dont les traces nous échappent en ce qui concerne Sedan.

En l'an II, une enquête détaillée et peut-être plus exacte fournit de nouveaux renseignements ; c'est avec les états qu'elle produisit qu'on dressa les tableaux du maximum, tableaux au nombre de 20, imprimés à Paris, dont il existe un exem-

(1) La préface des *Prix en 1790* est à lire tout entière. Il n'entrait pas dans notre cadre d'étudier les décrets sur le maximum et leur application, n'ayant à cet égard découvert aux différentes archives aucun document particulier.

(2) *Arch. comm.*, C^{on} K, série Z, art. 1.

(3) *Reg. des délib.*, à cette date.

plaire aux archives départementales (1). Grâce enfin au livre de M. Biollay, nous avons aussi utilisé quelques résultats de l'enquête de l'an III.

Ainsi, nous avons pu, après avoir ramené les prix au taux de 1790 et contrôlé les chiffres déjà publiés, dresser un tableau aussi exact et aussi complet que possible des prix en 1790 et des salaires en 1790 et 1793.

Qu'on ne s'effraye pas de l'aridité inhérente à ces listes de chiffres que nous avons réparties conformément au plan de M. Biollay ; les chiffres ont leur éloquence et les détails que nos tableaux contiennent en particulier sur les manufactures et les industries de la région sedanaise fourniront peut-être à nos contemporains l'occasion de rapprochements utiles que nous aurions voulu pouvoir faire nous-même.

§ I.

Les salaires.

Le décret du 27 septembre 1793 avait donné comme limite au maximum des salaires le taux des salaires en 1790, augmenté de moitié. Les prix de 1793, que le tableau des archives de Sedan place à côté de ceux de 1790, ont été établis conformément à l'ordre de la Convention.

I. Ouvriers de bâtiments.

Un *manœuvre* recevait par jour, en 1790, 1 l., en 1793, 1 l. 10 s., en l'an III, 1 l. — Les *charpentiers* touchaient 1 l. 10 s. en 1790, 2 l. 5 s. en 1793 ; les *couvreurs*, 1 l. 15 s. et 2 l. 10 s. respectivement ; les *maçons*, les *tailleurs de pierre* et les *plafonneurs*, 1 l. 10 s. et 2 l. 5 s ; les *menuisiers* et les *serruriers*, 1 l. 6 et 1 l. 19.

(1) Arch. dép. à Mézières ; bibliothèque administrative. Cet exemplaire est relié en deux volumes. M. Biollay, p. V, n. 1, signale les mêmes tableaux en 3 vol. in-8°.

II. Vêtements.

La *façon d'un habit* complet, de toute espèce de draps et étoffes, fil et poil de chèvre compris, etc., coûtait en 1790, 8 l., en 1793, 12 l. — La *façon d'une paire de souliers* variait selon la grandeur : pour le garçon, homme ou femme, première grandeur, on demandait 18 s. en 1790 et 1 l. 7 s. en 1793 ; pour les souliers d'homme et femme de la seconde grandeur ou taille, 12 s. et 18 s.; pour la dernière taille, 8 s. et 12 s. — La *façon d'une paire de guêtres* de toile ou d'étoffe se payait en 1790, 2 l.; en 1793, 3 l.

Le *garçon tailleur ou guêtrier* recevait pour sa journée 1 l. 4 s. et 1 l. 16 s., suivant les époques ; le *garçon chapelier* pour main-d'œuvre et fabrication d'un chapeau foulé et rendu en blanc à son bourgeois, 7 s. et 10 s. 6 d.

Les *lessiveuses* étaient en droit de réclamer pour une journée 1 l. 4 s. (1790) ou 1 l. 16 s. (1793) ; elles payaient leur place au bateau et aux fontaines 4 s., plus tard 6 s. par personne ; un tonneau à lessive leur était loué 1 s. ou 1 s. 6 d. par hottée de linge. — Le *blanchissage* d'une chemise garnie coûta successivement 4 s. 6 d. et 6 s. 9 d.; d'une chemise unie : 3 s. et 4 s. 6 d.; d'un col : 1 s. et 1 s. 6 d.; d'une paire de bas : 2 s. et 3 s. — Enfin les *repasseuses* gagnaient 1 l. 4 s. et 1 l. 16 s. par jour, à condition qu'elles commencent à sept heures en hiver et à six heures en été jusqu'à huit heures du soir et pour toutes choses.

III. Transports.

Nous possédons assez de détails sur la main-d'œuvre des voituriers, porteurs, déchargeurs, etc. Ainsi le transport par *tombereaux* à deux chevaux de toute espèce de matériaux et décombres valait 14 s. d'abord ; 1 l. 1 s. ensuite. — Les *voitures des meuniers* attelées d'un cheval ou deux pour transport du bois des ports et autres denrées servant à la consommation des citoyens se payaient par corde de bois et cent de fagots 1 l. et 1 l. 10 s. — La *charée de houille* prise au port du Dijonval, contenant 34 cartels, mesure de Sedan : 1 l. 10 d. et 2 l. 5 d. — La *voiture de bois et fagots*, pour le portage dans les usines : 10 s. et 15 s., pour les particuliers à tout étage : 1 l. 10 s. et 2 l. 5 s. — La *décharge du bois de corde* aux bateaux coûtait par corde et cent de fagots : 8 s. et 12 s. — Le *sciage* d'une corde de bois d'un trait : 1 l. 6 s. et 2 l. — Le *portage ou remise d'une banne de charbon* de 16 poinçons se payait au rez-de-chaussée et dans les caves : 1 l. et 1 l. 10 s., dans les greniers des particuliers : 2 l. et 3 l. — Nous ne connaissons pas le prix de la décharge d'une charée de houille du bateau et de la recharge dans les voitures au port du Dijonval, par suite d'une lacune de notre document. — Les *porteurs de sac*, pesant 200 à 212 l., avaient droit pour l'allée et retour au rez-de-chaussée à 1 s. 6 d., à chaque étage 2 s. en 1790 et 3 s. en 1793. — Les *garçons meuniers* pour ramener un sac de farine du moulin chez les particuliers à tout étage touchaient 5 s. et 7 s. 6 d. — Enfin, voici quelques salaires dus aux portefaix pour *décharger ou encaver* certaines marchandises : pour décharger une pièce de vin : 3 s. en 1790, 4 s. 6 d. en 1793 ; pour l'encaver : 7 s. 6 d. et 11 s. ; pour décharger les autres marchandises : 1 s. 6 d. (en 1793) ; pour encaver une pièce d'eau-de-vie : 10 s. en 1790 et 15 s. en 1793. Pour tous autres ouvrages de ce genre, dit en terminant le rapport, sera ajouté la moitié en sus des prix portés par le règlement des ci-devant maîtres portefaix du 20 août 1777, lequel est déposé au greffe de la Municipalité.

IV. Draperie.

Etant donnée l'importance de l'industrie drapière dans notre ville, un tableau spécial fut dressé en 1793 pour établir le maximum du prix des différentes opérations que subissait la préparation des draps. Il n'est pas sans intérêt d'établir un rapprochement entre les tarifs de 1790 et 1793 et les renseignements que nous fournissent pour les années antérieures, d'une part, pour l'année 1775, un rapport adressé par l'inspecteur des manufactures Delo au contrôleur-général (24 mai 1775) (1), d'autre part, pour l'année 1778, un tableau que publie, sans indication de source, l'abbé Prégnon (2) et qui diffère par quelques détails seulement du précédent.

Les *dégraisseurs* et *laveurs* recevaient en 1775 de 25 à 30 s., en 1778, 30 s. ; le lavage ou dégraissage d'une balle de laine d'Espagne pesant 230 l., 235 l. et 240 l. coûtait, en 1790, 6 l. 10 s., en 1793, 9 l. 15 s. — Les *souffleurs* et *batteurs* recevaient en 1775 et 1778 le même salaire que les précédents. En 1790, le battage d'une balle se payait 3 l., en 1793, 4 l. 10 s. — Les *trieuses* et *pluseuses* touchaient en 1775 et 1778, 10 s. ; le plusage de la livre de laine variait dans les dernières années du XVIIIme siècle suivant la qualité de la laine : 1 s. 6 d. (1790) et 2 s. 3 d. pour une livre de laine plusée première qualité en chaîne R ; 2 s. et 3 s. pour la deuxième qualité F et S, et pour la laine de pays et autres grosses laines. — Les *cardeurs*, *fileurs* et *dévideurs de trame* étaient payés en 1775, de 7 à 14 s., en 1778, de 10 à 15 s.; les cardeurs, fileurs et dévideurs de chaîne, en 1775, de 5 à 10 s., en 1778, de 7 à 10 s ; les fileurs de lisière, de 7 à 8 s. (1775), 8 s. (1778). La filature pour les chaînes, pour la trame, la filature de poil de toute couleur valait uniformément, en 1790, 4 s., et en 1793, 6 s. — Les *drousseurs* gagnaient en 1775, de 18 à 24 s.; en 1778, le tableau donne pour tarif unique 24 s. Le tableau du maximum distingue : le droussage pour une livre droussée une fois, 1 s. 6 d. (1790), 2 s. 3 d. (1793) ; le droussage du bleu teint en

(1) P. Biollay, *op. cit.*, p. 40. — Cf. Prégnon, *Hist. du pays et de la ville de Sedan*, t. II, Charleville, 1856, p. 474.
(2) *Op. cit.*, pp. 607-608.

laine et vert en laine et autres couleurs droussées une fois, 2 et 3 s. — Les tarifs de 1775 et 1778 fixent ensuite le salaire des bobineuses, ourdisseuses et des colleurs; le tableau du maximum est muet à leur sujet. — Pour les *tisseuses*, qui recevaient de 8 à 22 s. en 1775, de 18 à 20 s. en 1778, ce dernier tableau est, au contraire, plus détaillé : tissage pour 4/3 de large, 5 s. (1790), 7 s. 6 d. (1793) ; en 5/4 de large, 4 s. 6 d. et 6 s. 3 d.; en 9/8 de large, 4 et 6 s. Le tissage pour les laines du pays et d'Ardenne en 5/4 de large valait 6 s. en 1793 ; pour les petits draps en laine commune et d'Ardenne en 5/8 de large, aune de Paris, 15 s. en 1793. Le taux de 1790 est moindre d'un tiers pour ces deux dernières espèces. — *Nopeuses* et *rentrayeuses* gagnaient de 9 à 25 s. en 1775, de 10 à 30 en 1778. La pièce entière nopée en gras 4/3, 5/4 et 9/8 pour lisières grises coûtait 3 l. (1790) et 4 l. 10 s. (1793). Les mêmes draps nopés gras et en lavés, lisières noires ou bleues : 4 l. 10 s. (1790) et 6 l. 15 s. (1793) ; même prix pour les bleus en toile nopés gras, nopés en lavés blancs et bleus, la pièce entière. Enfin on exigeait jusqu'à 8 et 12 l. du nopage pour les bleus en laine et verts en laine en gras et lavés.

Les tableaux de 1775 et 1778 deviennent, quant à la suite des opérations subies par les draps, notre seule source de renseignements : le tableau du maximum se contente de dire : « Le *foulage* pour les fabriquants qui n'ont pas de fouleries à eux payeront moitié en sus de 1790. » De même pour les *laineurs*, *tondeurs*, *monteurs de chardons*, *nettoyeurs*, *rentrayeuses*, *presseurs*, *garçons teinturiers*.

Heureusement que des indications aussi complètes qu'on le peut désirer ont été conservées pour la *teinturerie* par un tableau particulier exécuté en exécution du décret du 6 ventôse an II (24 février 1794). Nous donnons ce tableau tel que l'a inséré M. Biollay (1) :

(1) P. Biollay, *op. cit.*, pp. 337-339.

(A) *Draps ordinaires.*

Prix par aune.	l.	s.	d.
Ecarlate	6	10	»
Cramoisi, pourpre, fleur de grenade, cerise, soupe au vin, marron et brun, fins	6	»	»
Amarante, mordoré, crête de coq, riches	7	10	»
Marron et brun ordinaires de 3 l. à	6	»	»
Brun, mordoré, amarante et autres couleurs très riches de 5 l. 12 s. 6 d. à	7	10	»
Canelle dorée, tabac d'Espagne, jujube, capucine	5	»	»
Violet fin	4	10	»
Rose, lilas, fleur de pêche, aurore, orange, jaune, citron, jonquille, fleur de pensée, brun et puce communs	3	»	»
Tête de nègre	2	10	»
Violet, prune	2	5	»

Prix par pièce de 20 à 24 aunes.	l.
Vert dragon, cul de bouteille, vert pistache, vert perroquet	60
Vert de Saxe	55
Bleu de Saxe, carmélite, ramoneur, bronze, fumée, cul de corbeau, café, hirondelle, cou de canard clair et foncé	50
Vert pomme, vert d'eau, vert de mer, vert anglais, olive, vert de mousse, merde d'oie, cuir de botte, noisette, feuille morte, abricot, isabelle, boue de Paris, gris d'acier, américain, impossible, gris bleu, ardoise et autres, couleur chair, ventre d'écrevisse, etc	40
Gris simple, chamois	18

(B) *Casimirs.*

Ecarlate, cramoisi et couleurs fortes en cochenille : moitié du prix de l'aune de drap, par livre pesant.

Les autres couleurs : moitié du prix du drap, par pièce de 25 à 30 aunes.

	l.	s.	d.
Bleu (l'aune)	1	5	»
Noir (id.)	1	»	»

(C) *Calmoucks.*	l.	s.	d.
Ecarlate (l'aune)	5	»	»
Bleu (id.)	2	»	»
Noir (id.)	1	»	»
Les couleurs riches à proportion.			
Tout autre couleur (la pièce de 20 aunes)	30	»	»

(D) *Bleus et noirs.*	l.	s.	d.
Laine bleue, manne courante (la livre)	3	10	»
Id. bleu céleste (id.)	1	10	»
Bleu en fil ou en toile (id.)	3	5	»
Bleu en drap (id.)	2	10	»
Noirs en 4/3 (l'aune)	2	5	»
Id. en 5/4 (1re et 2me qualités) (id.)	1	12	6
id. en 7/8 et 9/8 (id.)	1	15	»

(E) Poils.	l.	s.	d.
Bleu en sauce, ordinaire (la livre)................	1	5	»
Rouge (id.)	1	5	»
Jaune (id.)	1	»	»

V. Divers.

Voici l'indication de quelques salaires qui n'ont pu prendre place sous les rubriques précédentes. — La *semaine du tanneur* se payait, en 1790, 7 l. 10 s.; en 1793, 11 l. 5 s. — La *semaine du corroyeur et chamoiseur* se payait exactement aux mêmes prix. — Dans le district de Sedan, ainsi qu'il résulte de l'enquête de l'an III, les gages annuels d'un *berger*, d'une *servante de basse-cour* et d'un *laboureur* étaient respectivement de 450, 80 et 100 l. (1).

§ II.

Les céréales.

Le tableau du maximum des denrées, dressé le 9 août 1794, ne donne aucun renseignement ni sur le taux des céréales, ni sur le prix du pain. Pour celui-ci, l'étude précédente est suffisamment détaillée. Quant aux céréales, elle permet aussi de fixer quelques prix ; nous les utiliserons à nouveau, en y joignant les résultats des enquêtes de l'an II et de l'an III, publiés par M. Biollay (2).

D'après ces derniers documents, le *blé* valait, dans le district de Sedan comme dans les quatre autres districts des Ardennes, 9 l. 10 s.; le *seigle*, 6 l. 12 s. 8 d. ; l'*avoine*, 5 l. 16 s. 2 d.; l'*orge*, 5 l. 18 s. 10 d. Ces prix sont ceux de 1790 ; ils servirent de base à l'application de la loi du maximum. Mais il n'est pas besoin de faire remarquer qu'ils furent bien vite dépassés et que le taux des céréales en 1794 et 1795 était plus que doublé. On a vu dans les pages consacrées au *Prix du*

(1) P. Biollay, *op. cit.*, p. 62.
(2) *Op. cit.*, p. 91. — Les prix sont comptés par quintal poids de marc ; un quintal ou 100 livres égale 49 kilos.

pain, qu'en l'an III le quintal de froment atteignit 20 et 24 l.; le seigle, 13 et 17 l. 10 s.; l'orge, 11 l. 15 s. et 15 l. 10 s.!

§ III.
Le bétail.

Aucune note à ce sujet dans notre tableau du maximum. Les enquêtes conservées aux Archives nationales (1) fournissent au contraire quelques précieuses indications. Dans le département des Ardennes, le prix moyen d'un *bœuf* était, en 1790, de 145 l.; le prix moyen des *moutons,* de 11 l. 10 s. Le poids des bœufs était généralement de 4 à 500 l. dans le district de Sedan; celui des moutons, de 30 à 40 l. Pour la région du Nord-Est, un seul tableau qui est précisément celui de Sedan (2), a indiqué le rendement moyen en viande et en suif:

	Viande.	Suif.
Bœuf	400 liv.	60 liv.
Vache	300 »	30 »
Mouton	34 »	5 »
Brebis	24 »	4 »

Un *cheval de labour* se vendait, en 1790, dans le district de Sedan, 150 l.; une vache, 36 l.

§ IV.
Viandes, beurre, lait et fromages.

La *viande fraîche*, vendue à la livre de 16 onces, poids de marc, coûtait, dans le district de Sedan: le bœuf, 5 s. 18 d.; la vache, 4 s. 13 d.; le veau et le mouton, 5 s. 18 d.; enfin le porc, 6 s. 18 d. (3). — Le tableau imprimé de l'enquête de l'an II ne nous donne aucune indication sur la viande salée (4).

(1) P. Biollay, *op. cit.*, pp. 106-135.
(2) *Ibid.*, p. 115.
(3) D'après certaines délibérations du Conseil général de la commune, nous savons que la viande « prodigieusement renchérie » fut plus tard taxée à 15 s. la livre (7 et 9 juin 1793).
(4) La livre de lard fut taxée, le 7 juin 1793, à 25 s.

Nous sommes mieux renseignés sur le prix de la *charcuterie* en 1790. — La livre de *fromage de cochon* valait 1 l. 10 s.; le *boudin*, 7 s. 6 d.; la *saucisse*, 1 l. 5 s.; le *cervelas*, 1 l.; la *graisse de porc non fondue*, 15 s.; la *graisse de porc fondue*, 1 l.; le *vieux oing*, 1 l.

Le *lait de vache*, évaluée à la pinte, mesure de Paris, se payait, dans le district de Sedan, 1 s. 16 d. — La bouteille de *crème* de première qualité coûtait à Sedan, 15 s. — Le *beurre frais*, dans le district, est estimé, d'après le tableau général du maximum, à 10 s. 16 d. la livre. — Le prix des *fromages* est ainsi fixé à Sedan :

Fromage de pays bien passé, l'un	10 s.
Fromage blanc sel et salé du pays, la livre	10 »
Fromage mol blanc, pesant une demi-livre	5 »

§ V.

Œufs, volaille, gibier.

Le cent d'*œufs* valait, dans le district de Sedan, 2 l. 18 s. (œufs frais) et 3 l. (œufs conservés). — Voici le prix des différents *volatiles* à Sedan :

Oie grasse en plumes, la livre	12 s.
Oie grasse sans plumes	10 »
Canards de toutes espèces	12 »
Poulet d'Inde	12 »
Chapons	15 »
Poules	10 »
Poulets	15 »

Nous regrettons de ne pouvoir donner un tableau aussi complet pour le *gibier*. Nous en connaissons seulement les prix moyens : un lièvre, 1 l. 16 s. 7 d.; une perdrix, 9 s. 11 d.; une bécasse, 17 s. 6 d.; une caille, 6 s. 4 d.; un canard sauvage, 19 s. 8 d.; une grive ou un merle, 1 s. 10 d.; une bécassine, 7 s. 10 d.

§ VI.

Poissons.

Des renseignements que fournit M. Biollay pour la région du Nord-Est, il n'en est pas de si détaillés que ceux donnés par le tableau du maximum à Sedan pour les *poissons* pêchés dans la Meuse ou les ruisseaux d'Ardenne :

	l.	s.
Poissons gris, la livre	»	18
Truite et saumon	1	1
Carpes et barbeaux	»	14
Poisson blanc	»	10
Fritures de poisson blanc	»	6
Fritures de poisson gris	»	10

Des poissons, nous pouvons, sans trop choquer les principes de la zoologie, rapprocher les *grenouilles* dont le cent valait à Sedan, en 1790, 10 s.

§ VII.

Fruits et légumes.

La livre de *raisins*, noirs ou blancs, se vendait 2 s. 6 d.; la livre de *pruneaux de nobertes*, 8 s.; le cent de *noix sèches*, 7 s. 6 d. Voilà tout ce que savons des fruits frais ou secs. Nous sommes mieux renseignés sur le prix des légumes :

		l.	s.	d.
Ails secs	la livre.	»	10	»
Asperges	id.	»	7	6
Betterave	id.	»	1	»
Carottes et panais, sans feuilles	id.	»	»	6
Céléri sans filaments et sans mottes	id.	»	2	»
Chicorées sans feuilles vertes et racines	id.	»	2	6
Choux Milan sans les premières feuilles et sans bois	id.	»	1	»
Choux cabus dépouillés de même	id.	»	»	6
Choux rouges id.	id.	»	1	»
Choux-fleurs sans feuilles et sans troncs	id.	»	5	»
Echalottes sèches	id.	»	15	»
Fèves sèches, blanches, mesure de Sedan	le pot.	1	4	»
Fèves sèches, rouges, id.	id.	»	15	»
Fèves sèches, grises, id.	id.	»	15	»
Fèves vertes, écossées, id.	id.	»	10	»
Fèves vertes en lames dites Mangetout, et sans lames	la livre.	»	2	»
Lentilles sèches, mesure de Sedan	le pot.	1	4	»
Navets gris, sans feuilles	la livre.	»	»	6
Navets blancs, id.	id.	»	»	6
Oignons de vingt-quatre gros moyens et petits, chacun entier	la raie.	»	2	6

		l.	s.	d.
Poireaux	la livre.	»	1	3
Pois secs	le pot.	»	15	»
Pommes de terre rouges, 1re qualité	la livre.	»	»	9
Pommes de terre blanches	id.	»	»	6
Radis, sans feuilles	id.	»	1	»
Raves (petites), feuilles coupées trois pouces au-dessus du lien	id.	»	2	6
Salsifis, sans feuilles	id.	»	1	»
Scorsonères, sans feuilles	id.	»	2	»

Le Tableau général du Maximum ne fait connaître que le prix de certains légumes secs, calculé au quintal, poids de marc :

	l.	s.	d.
Fèves blanches	8	7	»
Fèves rouges	11	6	1
Fèves de marais	11	6	1
Lentilles	10	13	»
Pois	6	»	»
Pommes de terre	2	3	12

§ VIII.

Fourrages.

Le *foin* au détail, chez les aubergistes, valait 1 s. 3 d. la livre ; le picottin d'*avoine,* comble, 8 s. 3 d.

§ IX.

Boissons.

Le *vin* se vendait, dans le district, à la charge (mesure locale, égale à 200 pintes de Paris), 42 l. la première qualité, et 38 l. la deuxième qualité.

La *bière blanche* valait 3 s. 6 d. la pinte de Paris. La pièce de bonne bière, contenant 70 pots, fut taxée, par décision du Conseil général, en date du 23 frimaire an II, à 27 l. le pot ; chez les débitants, à 10 s.; défense fut faite de faire de la petite bière. A cette même date, le gobelet de *levure* contenant un quart et vendu par les brasseurs valait 2 s.

§ X.

Epiceries.

La *cire jaune* du pays coûtait 2 l. 15 s. la livre; la *cire blanche* du pays, 3 l. 10 s.; la *bougie* blanche du pays, 4 l. 3 s. 3 d.; le *riz*, 10 s.; le *vermicelle*, 1 l.; la *semouille*, 1 l.

Les renseignements que nous pouvons ajouter à ceux-là proviennent du *Tableau général du Maximum* et concernent, comme toujours, le district de Sedan tout entier.

Le *vinaigre rouge*, vendu à la pinte, coûtait 4 s. 10 d.; les *miels* étaient divisés en deux catégories : le *miel citrin*, valant 50 l. le quintal; le *miel jaune ou commun*, valant 35 l. Le quintal de *beurre salé* se payait 90 l.; le quintal de *beurre fondu*, 71 l. 10 s.; le *suif en branche*, 45 l.; le *suif fondu*, 60 l.; les *chandelles*, 67 l. — Les *savons* pour les fabriques de draps coûtaient, au quintal, 72 l.; à la livre, 14 s. 6 d. — Enfin, dans le département des Ardennes, le quintal de *cire jaune* valait 180 l.

§ XI.

Textiles, tissus et bonneterie.

I. Textiles.

Il est à regretter que le prix des *laines* employées dans les manufactures sedanaises ne soit point parvenu jusqu'à nous. Pour combler cette importante lacune, nous emprunterons des chiffres au premier maximum de Rethel (1) qui fournit un tableau sommaire :

			l.	s.
Laines du pays		la livre.	»	30
Id.	des Ardennes	id.	»	35
Id.	de Sologne et de Troyes	id.	»	38
Id.	de Bourgogne	id.	2	5
Id.	d'Auxois	id.	2	10
Id.	d'Italie	id.	3	5
Id.	du Berry	id.	3	15
Id.	d'Espagne, dites Léonaises	id.	6	10
Id.	id. dites Ségoviennes	id.	5	14

(1) P. Biollay, *op. cit.*, p. 305.

En revanche, nous connaissons le prix des *lins* de Flandre, variant de 19 s. 6 d. à 2 l. 10 s., et celui des lins du pays, variant de 15 s. à 1 l. 1 s. (1).

II. Tissus.

Nous sommes heureusement fixés avec des détails très complets sur le prix des *draps*. M. Biollay n'a reproduit qu'une partie des prix donnés par le *Tableau général du Maximum* (2); voici ce tableau en entier:

(A) Draps.	l.	s.	d.
Noir superfin, 4/3	30	»	»
Id. 5/4	27	»	»
Noir fin, 5/4	24	»	»
Noir ordinaire, 5/4	21	»	»
Id. 9/8 ou 7/6	20	»	»
Bleu en laine, 5/4, 1re qualité	32	10	»
Bleu teint en toile, 5/4, 1re qualité	27	»	»
Id. 5/4, 2me qualité	24	»	»
Id. ordinaire en drap	21	»	»
Id. ordinaire, 9/8 ou 7/6	20	»	»
Vert-dragon en laine, 5/4	32	10	»
Vert-dragon teint en toile, 5/4, 1re qualité	27	»	»
Id. id. 5/4, 2me qualité	24	»	»
Id. id. en drap, 5/4	21	»	»
Id. id. en drap, 9/8 ou 7/6	20	»	»
Ecarlate superfin, 4/3	34	»	»
Id. id. 5/4	32	10	»
Id. entrefin, 5/4	30	»	»
Blanc uniforme superfin, 5/4	27	»	»
Id. id. entrefin, 5/4	25	»	»
Amarante superfin, 5/4	33	10	»
Ci-devant Pompadour	33	10	»
Mordoré	32	10	»
Crête de coq, nacarat, pourpre riche	33	»	»
Fleur de grenade	32	10	»
Jujube, violet, cerise, marron, puce	31	»	»
Rose, fusée, fleur de pêche, lilas, lie de vin	29	»	»
Vert de Saxe, bleu de Saxe	28	10	»
Vert dragon teint en pièce	29	»	»
(B) Casimirs.			
Ecarlate, 5/8	14	9	16
Teint en pièce, bleu	13	10	»
Vert-dragon, bleu	13	10	»
Blanc uniforme	13	»	»
Noir, bon teint	13	10	»
Couleur ordinaire	13	»	»

(1) P. Biollay, *op. cit.*, p. 316.
(2) *Ibid.*, p. 330.

(C) Draps fabriqués en laine d'Ardenne et de pays.	l.	s.	d.
Ecarlate, 5/4	22	10	»
Bleu national (1), teint en pièce	18	»	»
Blanc uniforme	18	»	»
Vert-dragon, teint en pièce	18	»	»
Couleur ordinaire	17	»	»
(D) Calmoucks.			
Ecarlate, 9/8	18	»	»
Bleu en pièce	14	»	»
Vert en pièce, 9/8	14	»	»
Brun ou musc ou couleur ordinaire	13	5	»
En gris naturel	12	»	»
(E) Serges.			
4/4 fine, bleu national	9	10	»
Vert-dragon	9	10	»
Londres 5/2, bleu et vert-dragon	6	4	16
Demi-Londres 5/8, bleu et vert-dragon	4	10	»
7/12 de large, dite deux étaims sur trame, bleu et vert-dragon	5	9	16
7/12 de large, ordinaire, bleu et vert dragon	3	9	18
Serge 4/4, fine, large noir, bon teint	8	8	11
2/2 dite Londres, id. id.	5	9	16
3/8 demi-Londres, id. id.	3	15	»
7/12 deux étaims, sur trame, noir	4	15	»
7/12 id. ordinaire sur trame, noir	3	»	»
Serge, 4/4, en blanc uniforme et gris	8	5	»
Londres, 2/3, large, id. id.	5	9	16
Demi-Londres, 5/8, id. id.	3	15	»
7/12 deux étaims, sur trame, id. id.	4	12	»
7/12 id. ordinaire, sur trame, id.	3	»	»

Ce tableau appelle deux observations :

1° Tous ces prix sont évalués à l'aune de Paris (= 1m8). Il n'est peut-être pas inutile de faire remarquer qu'une augmentation s'était produite depuis 1774 et 1775, années dans lesquelles les draps noirs se vendaient de 15 l. 10 s. à 25 l., et ceux teints en autres couleurs, de 18 l. à 30 l. (2) ;

(1) C'est le ci-devant *bleu du roi*.

(2) *Tableau historique du département de l'inspection des manufactures de Sedan*, etc..., adressé au Ministre du commerce, Trudaine, le 22 décembre 1774, par Delo (H. Rouy, *Souvenirs sedanais*, 5me série ; Sedan, 1890 ; p. 223) ; la plupart des renseignements sur la draperie sont reproduits dans le *Précis historique de la Draperie royale de Sedan*, etc..., dressé le 24 mai 1775, par le même inspecteur (H. Rouy, *ibid*, 6me série ; Sedan, 1892 ; p. 15).

2° Nous glanerons dans les tableaux de plusieurs communes (1) le prix de la vente au détail du drap de Sedan :

	l.	s.
Paris, drap noir	31	10
Versailles, draps fins d'une aune 1/4 de large	24	»
Poitiers	25 à 36	»

Il existait à la fin du XVIIIme siècle, à Sedan, comme à Reims, des fabriques de *jarretières*, dont le tarif des prix de vente nous a été conservé par le même tableau :

		l.	s.	d.
N° 2	la douzaine.	3	»	»
3	id.	3	9	18
4	id.	4	»	»
5	id.	4	10	»
6	id.	4	15	»
7	id.	5	9	16
8	id.	6	»	»
9	id.	6	8	13
N° 2 écarlate	id.	4	15	»
3 id.	id.	5	9	16
4 id.	id.	6	»	»
5 id.	id.	6	8	13
6 id.	id.	7	»	»
7 id.	id.	8	»	»
8 id.	id.	8	3	»
9 id.	id.	8	8	»

Enfin, il est bon d'adjoindre au tableau des prix de vente des draps à Sedan un dernier ensemble d'indications, concernant le prix de revient de certains tissus fabriqués aux environs de Sedan :

Environs de Sedan.		l.	s.	d.
Londres superfine, 2/3	1re qualité.	4	4	18
Id.	2me id.	3	15	»
Id.	3me id.	3	9	18
Id.	4me id.	3	»	»
Demi-Londres	1re id.	2	14	18
Id.	2me id.	2	9	16
Deux étaims sur trame, 1/2 aune	1re id.	3	9	18
Id. id.	2me id.	3	»	»
Id. id.	3me id.	2	14	18

(1) Biollay, *op. cit.*, pp. 328-329.

				l.	s.	d.
Deux étaims, ordinaire,	1/2	1re	id.	2	9	16
Id. id.		2me	id.	1	19	18
Id. id.		3me	id.	1	14	16
Id. id.	4/4	1re	id.	4	15	»
Id. id.		2me	id.	4	10	»
Id. id.		3me	id.	4	»	»
Laine en plure				»	19	16
Id. mère				1	12	13
Id. d'agneau				1	4	»
Id. de plure				»	19	16

III. Bonneterie.

Des tissus, il nous faut rapprocher, comme le fait le Tableau général du Maximum, la *bonneterie.*

Les *bas de laine* mélangée, deux fils, sont taxés à la douzaine, suivant certaines distinctions : les bas d'homme, ordinaires, à 24 l.; les mêmes, gris ou noirs, à 23 l.; les bas de femme, à 21 l. — Les *bonnets* coûtaient 24 l. la douzaine.— Un *pantalon en coton*, trois fils, pour homme, valait, blanc ou gris, 12 l.; mélangé, 15 l.; pour femme, 12 l. — La douzaine de *bas de coton* d'homme, chinés flamblés, trois fils, N° 22, se payait 48 l.; les mêmes, pour femme, 45 l.

§ XII.

Chapeaux, vêtements et chaussures.

Les divers documents qui forment la base de cette étude ne nous livrent pas le moindre indice sur les vêtements, les parures, les chapeaux, etc.; c'est de là, pourtant, que nous pensions tirer de quoi exciter la curiosité de nos contemporains, peut-être même un peu de nos contemporaines. Faisons-en notre deuil. Si, plus tard, une chance, comme on en a parfois dans sa vie de chercheur, nous amène sur la piste de quelque note relative à ce sujet palpitant, que les Sedanais soient assurés d'en profiter les premiers.

I. Chapeaux.

Donc, le tableau des Archives nationales et celui des Archives communales sont muets sur le chapitre des chapeaux. Le premier, cependant, nous renseigne sur les « peaux de lièvres, peaux de lapins ! » Celles-ci, on le sait, étaient employées à la fabrication des couvre-chefs :

	s.	d.
Lièvre d'été	7	16
Id. d'hiver	18	»
Lapin-clapier d'été	3	18
Id. d'hiver	12	»

II. Chaussures.

Le second, à son tour, nous fournit tous les renseignements désirables quant à l'estimation des *souliers* de toutes pointures :

	l.	s.
Souliers d'hommes, à 12 points	9	»
Id. 9 id.	8	10
Id. 6 id.	8	»
Souliers de femmes, 8 id. à talons et garnis	7	»
Id. 5 id.	6	10
Petits souliers, 12 id.	4	»
Id. 9 id.	3	10
Id. 6 id.	3	»
Petits souliers d'enfants	2	5

§ XIII.

Papiers.

Peu de chose aussi à dire sur le prix des papiers, dans le district de Sedan, d'après le Tableau général du Maximum. — Le *papier gris* pour enveloppes valait 3 l. 9 s. 18 d. la rame ; le *papier* petit format (10 pouces sur 7, feuille ployée), le même prix ; le *papier* grand format (15 pouces sur 10, feuille ployée), 6 l.

§ XIV.

Métaux.

On possède en revanche des indications assez complètes pour différents articles se rattachant à la métallurgie, qui fut toujours très développée aux environs de notre ville (1).

A Sedan, le millier d'*acier* valait, d'après le premier Maximum :

	l.
Fer fort en verges	192
Fer tendre	150
Platine en barres	190
Carrillon	190
En bandelettes	240
Fer laminé	290
Fer arrondi	290
Tôle commune	290
Tôle fine	340
Fonte	100

Les prix du *fer-blanc*, pour le district de Sedan, évalué par baril de 300 feuilles, de 12 pouces sur 9, variaient suivant les marques du baril :

Marque.	Poids. Livres.	Prix. Livres.
S	125	91
10	150	95
20	175	97

Quant aux produits fabriqués à Sedan ou dans les environs, le Tableau général offre une série importante du prix des

Chappes de boucles.		l.	s.	d.
A une pointe, roulées, la grosse de 12 douzaines		2	3	16
Id.	moyennes, id.	2	9	16
Id.	grandes, id.	2	15	8
Id.	pour femme	2	17	»
Id.	pour cadette	4	»	»
Id.	id. fortes	5	9	16
Id.	fortes, pour homme	8	3	»
Id.	minces, id.	4	15	»
Id.	à jarretières pleines, à deux ardillons.	4	»	»
Id.	fondues, à deux ardillons	9	»	»
Id.	à cœur, doublées	16	»	»
Id.	fines	28	»	»
Id.	à jarretières, à trois ardillons fins	36	»	»

(1) Renseignements tirés du ch. XVI du livre de M. Biollay (pp. 419-420, 421, 431, 435, 438-439), complétés par le Tableau général que l'auteur a résumé souvent, pour donner seulement les chiffres saillants.

	l.	s.	d.
Chappes Sedan, pour femme	10	»	»
Id. pour cadet	12	»	»
Id. pour homme	11	»	»
Id. cadettes à barette	20	»	»
Id. pour homme, longues	31	»	»
Grandes, carrées demi-fines, pour homme	44	»	»
Id. pour cadette, demi-fines	38	»	»
Id. pour femme, demi-fines	36	»	»
Id. carrées fines, pour homme	54	»	»
Doubles communes de 8 A	9	»	»
Demi-fines doubles, 10 A	11	»	»
Fines doubles, 10 A	13	»	»
Chappes de ceintures de culottes	38	»	»

Parmi les *outils* employés dans diverses industries ardennaises, on connait le prix des *cardes pour trame*, 3 l., 15 s. la paire ; *pour chaînes*, 3 l ; des *droussettes*, 3 l.; des *droussettes pour bonnetier* et des *droussettes ségovie, communes*, 2 l. 10 s.; des *brisoires en carcasses*, 4 l.

Terminons par quelques articles divers, d'utilité générale pour ceux qu'intéresse l'art du cheval :

	l.	s.
Mors de cavalerie, la douzaine	6	»
Id. à miroir, la douzaine	12	»
Id. bridon d'abreuvoir	12	»
Id. à filets	7	4
Eperons, douzaine de paires	18	»
Etriers, douzaine de paires	36	»
Etrilles, fabriques de Chemorx (?), 1re qualité, avec deux crochets au manche, la douzaine	3	10
2me qualité, minces	4	10

§ XV.

Bois de travail et combustibles.

I. Bois de travail.

Voici les renseignements puisés au Tableau général :

Chêne.	l.	s.	d.
En grume, la solive de 1re qualité	1	14	16
Id. id. de 2me qualité	1	2	18
Equarri, id. de 1re qualité	3	9	18
Id. id. de 2me qualité	2	9	18

	l.	s.	d.
Madrier de 2 pouces d'épaisseur, le cent en bois vert	69	10	»
Planches de 12 à 13 pouces d'épaisseur, 9 à 10 pouces de large, bois sec, le cent	69	10	»
Planches, mêmes mesures, vert	60	»	»
Volige, le cent	40	»	»
Hêtre	24	»	»
Id. madrier, la solive	3	4	16

II. Combustibles.

A part une indication du Tableau des Archives communales, relative à la braise de boulanger, c'est du Tableau général qu'émanent tous les prix des combustibles divers :

	l.	s.	d.
Bois neuf, la corde de 8 pieds de couche, sur 4 pieds de hauteur et 3 pieds 6 pouces de long	17	6	10
Bois d'usine, mélangé, la corde, id.	14	3	10
Fagots de 3 pieds 6 pouces de long, 28 pouces de tour, le cent	11	16	»
Charbon de bois, la banse (?)	23	12	10
Charbon de terre, 1re qualité, le mille	13	8	»
Id. 2me qualité, id.	11	»	»
Tourbe, 21 pouces de tour et 2 pouces d'épaisseur, le mille	7	17	10
Braise de boulanger, la mesure de charbonnier	1	»	»

IX

LA PRESSE A SEDAN

de 1790 à l'an II

Avant la Révolution, il n'existait, dans la région qui constitua en 1790 le département des Ardennes, aucun journal ni feuille périodique. Le mouvement se concentrait dans un recueil rémois : *Les Affiches de Reims*, de Havé (1) et dans les multiples gazettes littéraires et politiques qui paraissaient à Bouillon (2). L'agitation qui suivit les événements de 1789, la liberté de la pensée et de la plume proclamée par la *Déclaration des Droits de l'homme et du citoyen*, firent éclore rapidement de nouvelles publications périodiques, toutes politiques, sinon dans plusieurs villes du département, du moins à Sedan ; à Sedan, où la crise révolutionnaire fut plus intense que partout ailleurs.

I

Le premier périodique qui nous soit connu est le **Journal de Sedan** qui nous donne lui-même des indications précises sur sa périodicité, son prix, etc... :

(1) Cf. H. Jadart, dans la *Revue historique ardennaise*, t. I, 1894, pp. 152 et suiv.

(2) Notre ami, M. Jean Bourguignon, prépare sur la *Presse à Bouillon* un important mémoire, composé d'après des sources variées et absolument inédites.

Ce journal paroit les Lundi, Mercredi et Vendredi. Le prix de la Souscription est de 24 liv. pour un an, 12 liv. pour 6 mois et 6 liv. pour 3 mois, pris à Sedan. Et pour être rendu franc de port dans toute la France, 30 liv. par an, 15 liv. pour 6 mois et 7 liv. 10 s. pour 3 mois. Le montant de l'abonnement se paye d'avance. — On souscrit à Sedan, chez MORIN, imprimeur, chez MM. les Libraires, et dans tous les Bureaux des postes. *Il faut affranchir le port des lettres et de l'argent. Sans cette précaution l'un et l'autre restent au rebut.*

A SEDAN, de l'imprimerie de C. MORIN.

D'après une référence contenue au numéro du 27 septembre 1790 (p. 190) (allusion à un article paru dans le nº 11 du 26 mai) et d'après les rares numéros qui ont été épargnés par le temps, nous pouvons établir de façon certaine que sa création remonte au lundi 1er mars 1790. Les numéros, de format in-8º et de 16 pages chacun, formaient tous les deux mois un *tome* à pagination continue.

L'exemplaire unique qui nous a été communiqué comprend le tome IV, nos 8, 9 (incomplet), 10, 11, 12, 13 (inc.). 14 (inc.), 15 (du 17 septembre au 4 octobre). 19 (inc.), 20, 21, 22, 23 (inc.), 24, 25, 26 (du 13 au 29 octobre) (fin du tome IV) (1). Nous ignorons la date à laquelle cessa la publication de ce périodique.

La composition de chaque numéro ne changeait guère. La partie de tête, la plus importante, était consacrée au compte-rendu des séances de l'Assemblée nationale et, quand la nécessité s'en faisait sentir, à l'insertion des décrets capitaux pour l'état de choses

(1) Cet exemplaire appartient à M. A. Poulain, de Charleville, qui l'a mis obligeamment à notre disposition.

nouveau : *articles sur la contribution foncière* (n° 9), *sur la discipline militaire* (n° 10), *sur le traitement des religieux* (n° 13), *sur le jury militaire, sur l'avancement militaire* (n° 14), *décret rendu au nom du comité d'aliénation, décrets sur la marque des cuirs, sur la marque des fers et aciers* (n° 20), *sur les biens nationaux* (nos 20-22), *sur les tribunaux de paix* (nos 23-24), *sur la contribution personnelle* (n° 26).

Les pages libres du journal sont consacrées aux ARTICLES DIVERS. Parmi ceux-là, la correspondance de Paris ou des principales villes de l'Europe (Vienne, Londres, Stockholm, Liège, Bruxelles, Gand, Francfort-sur-le-Mein, Berlin), de même que les lettres de certaines villes de France, tiennent la plus grande place. Entre ces dernières, quelques-unes sont particulièrement intéressantes.

Ce sont d'abord celles qui concernent l'affaire de Nancy, encore toute récente. On sait que le 31 août, trois régiments ayant voulu forcer leurs officiers à rendre compte de la solde qu'ils les accusaient d'avoir détournée à leur profit, le marquis de Bouillé, commandant la place de Metz, marcha contre eux et vainquit la résistance dans une lutte sanglante. Le n° 10 donne le : *compte-rendu à leurs souverains par MM. les officiers du régiment de* Castella, *relativement à l'affaire de Nancy et au conseil de la guerre, qui a condamné 28 soldats de Châteauvieux à être pendus, 41 à trente ans de galères, et le nommé Soret à être roué vif ;* les nos 11 et 22 contiennent des lettres sur la même affaire. Le rédacteur anonyme de la feuille sedanaise laisse, en des notes commentant le *compte-rendu,* éclater sa haine contre Bouillé et les « massacreurs » en général. Partisan avéré du peuple et anti-aristocrate, il insère, en mémoire des gardes-nationaux de Nancy tués dans cette journée, l'entrefilet suivant :

« SEDAN. Le 9 de ce mois [septembre], les volontaires-gardes-nationaux de Sedan ont fait célébrer un service funèbre pour leurs braves camarades tués à Nancy, pour le soutien de la loi. MM. du district, de la municipalité, de la justice, de l'état-major et les officiers des régimens de Foix et d'Esterhazy y ont assisté. L'hommage que les volontaires-gardes-nationaux de Sedan ont rendu à la valeur de leurs frères d'armes, prouve que les mêmes vertus animent tous les citoyens armés pour le maintien de la constitution » (n° 9, p. 141) (1).

Une lettre de Soissons, reproduisant un mandement de l'évêque, inspire au même rédacteur anonyme les déclarations très énergiques que voici :

« On conviendra que si, dans un moment aussi critique, tous messieurs les autres évêques accordent des quarantaines d'indulgences, font célébrer de très saints sacrifices, et secouent ainsi les torches du fanatisme, tout va aller le mieux du monde. Le très saint évêque de Soissons devrait, pour les prières circulaires, être fessé aux quatre coins de son diocèse, et ensuite être condamné à aller ramer comme forçat dans les galères du roi ; car assurément le saint évêque est..... *(sic)* » (n° 23, pp. 377 (*lisez* 367)-368).

Le *Journal de Sedan* reproduit encore des lettres peu intéressantes de Limoges (sur un incendie), Lille (instruction des compagnies bourgeoises), Argentan et aussi des lettres de particuliers : *une lettre de M. Dargassier, ex-président de la Société des Amis de la constitution établie à Auch* (30 août 1790) (n° 9), *une lettre écrite à.... par M***, officiers au régiment de Reinach-Suisse, en garnison à Maubeuge, le.... septembre 1790* (n° 12), *sur la Révolution*, par Jean-Baptiste CLOOTS (n° 21).

Quelques ARTICLES DIVERS, tout curieux qu'ils soient, ne sortent pas de la note déclamatoire du temps. Les titres seuls suffisent

(1) Voyez sur l'affaire de Nancy une lettre de l'abbé de Maillan du 24 septembre 1790 (*Sedan il y a cent ans*, 1re partie, p. 36).

à renseigner sur leur contenu : *réflexions et maximes propres aux circonstances* (n° 11), *acte de confiance et de religion* (n° 14), *le nœud gordien des journées du 5 et du 6 octobre 1789* (n° 19), *maximes convenables au moment présent,—rêveries insérées très* SÉRIEUSEMENT *dans un journal étranger, mais qui méritent d'être connues* (n° 21), *définition de l'aristocrate* (n° 25). — On y trouve en outre des extraits de *Pamphlets* contre le roi et la Révolution : *souvenirs d'un roi de France; les calculs de Louis* (n° 11), des attaques contre la *procédure du Châtelet* (n° 15), des notes sur l'*organisation des compagnies des finances* (n° 25), etc.

La partie locale est peu développée dans le *Journal de Sedan*. La mention du service funèbre célébré à Sedan le 9 septembre, rapporté ci-dessus, constitue la seule nouvelle régionale.

La polémique y apparaît sous la forme d'une lettre : *A M. Hannotin de Mézières par le rédacteur de ce journal* (n° 12). Ce dernier avait dit, dans le n° 11 du 26 mai, qu'il lui « sembloit qu'une députation *ad hoc* auroit dû être chargée de l'honneur de présenter au monarque chéri des François l'hommage de MM. les électeurs du département des Ardennes ; nous n'imaginions pas — continue-t-il — que nos réflexions *offenseroient* M. Hannotin, maire de Mézières, et l'un des Electeurs de ce département. » M. Hannotin a fait imprimer une réponse à la déclaration du rédacteur, lequel réplique.

Les « amis de M. Mangin » écrivent au rédacteur du *Journal* pour démentir le bruit d'après lequel M. Mangin, député, « cabalerait » pour devenir juge de paix à Mouzon ; ils protestent contre cette imputation (n° 21, lundi 18 octobre).

Les annonces n'occupent qu'une place restreinte dans la feuille sedanaise. Voici d'abord un

AVIS

On trouve chez les Sieurs Ve Bertèche, Neveu et Philippoteaux, Marchands sur la place d'Armes à Sedan, des Boutons de la Garde Nationale suivant le décret du 5 de ce mois [septembre] et généralement tout ce qui a rapport à l'uniforme ; les mêmes tiennent Magasin de Draperies, Soieries et Dorures, Echarpes pour les Municipalités, etc., etc. (n° 8).

Puis une annonce relative à des

ASSIGNATS PERDUS. Il a été perdu le premier ou le 2 de septembre, sur la route d'Orléans à Sedan, deux billets de la Caisse d'Escompte, sur promesse d'assignat. Le premier de MILLE LIVRES, contrôlé par ladite Caisse, F° 763, et portant au dos N° 59770. Le deuxième est de DEUX CENS (1) LIVRES. L'on n'a pu retrouver ni le F° ni le N°.

Les personnes, qui auroient retrouvé lesdits billets ou qui en auroient connoissance, sont priées d'en avertir le sieur Pierard, roulier à Torcy, près Sedan. On sera très généreusement récompensé (n° 11 et répétée n° 12).

Le n° 11 donne les numéros gagnants de la

LOTERIE ROYALE DE FRANCE

TIRAGE du 15 septembre 1790

29. 66. 46. 21. 71.

Enfin le *Journal* contient de très rares annonces de maisons à vendre et de logements à louer.

A vendre, les Forges de Grandvoir, situées dans la province de Luxembourg, à 8 lieues de Sedan, etc...

Belle maison sur la place de Mouzon, etc...; un autre bâtiment, rue de l'Hôtel-Dieu, etc... (n° 8).

A vendre une superbe maison, située à Mouzon, à usage de brasserie, sur la rivière de Meuse. S'adresser au sieur Georges Moreau, à Mouzon (n° 24).

Nous devons regretter que la place consacrée aux nouvelles locales par le *Journal de Sedan* soit si minime. C'est la partie des gazettes qui aujourd'hui aurait le plus de prix ; mais les contemporains, ne recevant

(1) Le texte du n° 11 porte par erreur MILLE.

pas les journaux de Paris, ne partageaient pas sur ce point nos idées d'historiens ; ils attendaient de la presse des services plus hauts que la relation d'événements souvent mesquins, futiles ou... faux.

II

L'Ami des Loix, qui comptait Vassant parmi ses collaborateurs (1), fut fondé en 1792. Malheureusement, son nom seul est sauvé de l'oubli ; aucun numéro n'en a été par nous retrouvé (2).

Un rapport présenté par « *les Représentants du Peuple* (3), *députés par le département des Ardennes, à leurs collègues* » (s. d.), et qui dresse le bilan des actes des terroristes ardennais, fournit en note quelques extraits de l'*Ami des Loix*. Ces extraits se réfèrent, entre autres, au « n° 92 du lundi 31 décembre, année 1792, page 326, » et au « n° 34 du 15 août 1792, p. 87. » Nous pouvons déduire de là que le journal paraissait les lundi, mercredi et vendredi (le 15 août 1792 tombe un mercredi), que son n° 1 fut publié le mercredi 30 mai, que chaque numéro avait 16 pages et qu'il

(1) Ce journal est signalé dans la *Défense* de « Vassant, maire de Sedan, patriote persécuté par les intrigans, les royalistes, les contre-révolutionnaires et les fédéralistes, » a adressé à la Convention le 2 nivôse an II (22 décembre 1793) (Impr. in-4° de 28 pp.; bibliothèque de Sedan, don Cunin-Gridaine, c^{on} H). On y lit : « On me reproche la rédaction d'un journal dont je ne suis pas l'auteur. Ce journal existe à Sedan depuis deux ans. J'y ai collaboré. Le journal était *L'Ami des Loix.* »

(2) M. Maurice Tourneux, *Bibliographie de l'histoire de Paris pendant la Révolution française*, t. II, Paris, 1894, gr. 8°, signale (p. 674, col. 2, n° 10995), un mémoire portant ce titre qui ne commence qu'en l'an III. — M. E. Hatin, *Bibliographie historique et critique de la presse périodique française*, etc., Paris, 1866, in-8°, ne signale rien non plus.

(3) Robert-Vermont, Piette, Dubois-Crancé, Blondel, Thierriet, P. C. L. Baudin. (Ferry n'a pas signé, étant en mission). — Communication d'un aimable Sedanais.

était paginé par tomes, sans doute. Il durait encore en janvier 1793 : une note du rapport renvoie aux pages 476 et 477 contenant la séance du 23 janvier 1793.

III

Peut-être hésitera-t-on à considérer comme faisant partie de la presse ardennaise une suite de journaux, imprimés à Paris : le *Courrier de Mariembourg* et ses successeurs. Il faut cependant en dire quelques mots.

Le COURRIER DE MARIEMBOURG ou JOURNAL DES FRONTIÈRES DU DÉPARTEMENT DES ARDENNES portait en épigraphe : *Incorrupta fides, nudaque veritas.*

Il paraissait par 8 pages in-8° depuis le 28 février 1792, les mardi, jeudi et samedi ; on souscrivait au *Cabinet littéraire,* boulevard du Temple, près la rue Xaintonge, cabinet exploité par l'imprimeur, Dubois (1). Ce journal n'eut que 7 numéros. Il fut continué depuis le numéro 8 (jeudi 15 mars) sous le titre :

LE COURRIER DES FRONTIÈRES ET DU DÉPARTEMENT DES ARDENNES

jusqu'au numéro 23 (jeudi 19 avril) (2).

Enfin, du samedi 21 avril au 11 juillet, 70 numéros portant les numéros 1 à 70 achevèrent son existence, sous le titre :

(1) La Bibliothèque nationale (Impr. LC2 671) possède le prospectus de 8 pp. in-8° et tous les numéros. — Cf. M. Tourneux, *op. cit.*, t. II, p. 629, col. 1, n° 10746 ; E. Hatin, *op. cit.*, p. 227, col. 1.

(2) La collection est à la Bibliothèque nationale (Impr. LC2 672). — Cf. M. Tourneux, *op. cit.*, t. II, p. 629, col. 1-2, n° 10747 (avec la cote fausse LC2 612) ; E. Hatin, *op. cit.*, p. 227, col. 1.

JOURNAL DE LA GUERRE

Fidélité et vérité.

De l'imprimerie du Cabinet littéraire de Voltaire, boulevard du Temple (1).

Les rédacteurs de cette suite étaient en relations avec le département des Ardennes ; car, en plus des nouvelles de la campagne de 1792 qui occupent alors la presse parisienne tout entière (on trouve ici quelques détails sur le camp de La Fayette à Givet), elle renferme quelques rares articles de chronique locale :

Du 22 [*février 1792*] (numéro 1, page 3).—On annonce qu'un homme a été arrêté à Sédan *(sic)* avec sa voiture, qui était remplie de papiers d'un caractère et d'une langue presque impraticable, dont partie étaient relatifs à tenter ou à indiquer des moyens d'attenter à la personne de notre bon Roi.

Mariembourg, 12 avril (numéro 22, page 7). — Les religieuses de Charleville avaient fait mettre des pierres enveloppées de chiffons, dans un cercueil qu'elles disaient contenir le corps d'une de leurs compagnes, morte, et qui, au contraire, s'était évadée ; elles firent sonner pour annoncer cette mort supposée ; mais le curé, qui sans doute avait quelque soupçon de la fraude, a fait ouvrir la bière, on a découvert le stratagème ; les Religieuses, attachées de deux en deux, ont été conduites hors de la ville ; et de là sont passées en Empire.

On a arrêté à Rocroi une voiture à quatre chevaux anglois, escortés de cinq chevaux de main. Le conducteur ne veut pas dire son nom, ni celui de son maître. On public qu'il y a quatorze millions d'arrêtés dans ce district ; et on prétend qu'ils étaient destinés pour les ennemis de la liberté.

IV

Le journal dont il nous reste à parler est, comme les deux premiers, un journal vraiment sedanais. Voici son titre :

(1) La Bibliothèque nationale (Impr. LC2 679) possède la série, moins les numéros 2, 10, 15, 17, 42, 43, 49, 56.—Cf. M. Tourneux, *op. cit.*, t. II, p. 630, col. 1-2, n° 10755 ; E. Hatin, *op. cit.* p. 229, col. 1.

JOURNAL DU VRAI JACOBIN

Rédigé par des Sans-Culottes de la Société populaire de Sedan, affiliée aux Jacobins de Paris.

Renoncer à sa liberté, c'est renoncer
à sa qualité d'homme.

Au-dessus du titre, entre le chiffre d'ordre du numéro et sa date, une planche représentant un sabre posé par le tranchant sur la terre avec ces mots que porte la lame : *La liberté ou la mort,* et, en arrière, un bonnet phrygien et une branche de laurier (1).

Chaque numéro comprend 4 pages in-4° à 2 colonnes ; au bas de la page 4 de chacun, on lit, sur une seule ligne :

> Les pères et mères des défenseurs de la Patrie pourront nous écrire pour avoir des nouvelles de leurs enfans, nous satisferons à leurs vœux,

et au-dessous

> Le prix de l'abonnement sera de 9 livres pour trois mois, 18 livres pour six et 30 livres pour l'année, franc de port.
>
> *Ceux qui désireront s'abonner pourront s'adresser aux ci-devant Capucins à Sedan, à l'hôpital militaire. Les lettres et paquets devront toujours être adressés francs de port au citoyen* DURÈGE, *à l'hôpital militaire de Sedan, ou au citoyen* FICHET, *audit hôpital.*
>
> A SEDAN, chez CARRÉ et CERCELET, Imprimeurs et membres de la Société Jacobite (2).

Le journal paraissait les tridi, sextidi et nonodi de chaque décade, à partir du tridi 3

(1) Ce cliché sur bois figure en tête d'autres imprimés sortis des presses de Carré et Cercelet, éditeurs du journal. Les papiers révolutionnaires de Saint-Menges en contiennent, autant qu'il nous en souvienne, un exemplaire au moins.

(2) Ces imprimeurs demeuraient place d'Armes, n° 332, vis-à-vis la fontaine (aujourd'hui n° 33) (*Sedan, il y a Cent Ans*, 1re partie, p. 170).

ventôse, 2me année républicaine (21 février 1794). Le dernier numéro est, à notre connaissance, le numéro 38 du nonodi 9 fructidor (26 août) (1).

Le sommaire de chacun des numéros était, à peu de choses près, toujours le même : 1° un article de tête adressé par « Les Auteurs du Vrai Jacobin aux Sans-Culottes ; » 2° des nouvelles étrangères ; 3° le compte-rendu des séances des Jacobins de Sedan ; 4° des Variétés ou des réflexions vagues sur des sujets républicains. — Le ton général des articles justifie bien le titre de la feuille ; quoique les rédacteurs ne laissent jamais percer leurs noms, on reconnaît le « coup de patte » des Durège (dont le nom figure au bas de la dernière page de chaque exemplaire). des Vassant, des Varroquier, des Mogue et autres. C'est surtout dans les « premier-Sedan » et les articles de queue que la note jacobine éclate sans sourdine. Article contre les *gens suspects* (n° 5), défense du sans-culotte Wirion, chef de brigade de gendarmerie nationale (n° 6), déclamations « contre le sacerdoce » à propos de l'inauguration du Temple de la Raison (n° 7), attaques réitérées et mordantes contre les Anglais, etc., tels sont les thèmes favoris des rédacteurs. Les sujets traités dans les articles terminaux ne sont pas moins curieux : *Conseils d'un Républicain* (n° 16), *les Sociétés populaires* (n° 20), *le Républicain* (n° 21), *la Patrie des Français* (n° 22), *la Liberté* (n° 23), *la Folie des tyrans coalisés* (n° 24), *les Anglais*

(1) La Bibliothèque nationale (Impr. LC2 940ter) conserve les numéros 4-8, 13, 14, 16-18, 20-24, 26-33, 35, 37, 38 (pagination continue de 1 à 152 ; quelques coquilles dans le numérotage des pages). Ces numéros proviennent de la collection de Labédoyère. Le numéro 6 n'a plus que 2 pages, mais elles sont en double ; un supplément annoncé par ce numéro manque. — Cf. E. Hatin, *op. cit.*, p. 297, col. 2 (avec le titre inexact : *Journal des vrais jacobins*).

(n° 27), *la Victoire* (n° 28), *l'Agonie des Tyrans* (n° 29), *aux Vainqueurs des Tyrans* (n° 30), *aux Français* (n° 32), *les Grandes Coliques* (1) *des Aristocrates du jour* (n° 33), *les Aristocrates sont à l'Agonie de la Grande Colique* (n° 35). Ces titres s'enchaînent étroitement à la suite des événements militaires et politiques de la Terreur et de la réaction thermidorienne. On célèbre lyriquement nos victoires sur les Anglais et les troupes coalisées, la marche des Français en Belgique, la retraite des Autrichiens, etc. Après s'être allié sans réserve à la politique des Jacobins de Paris, après avoir reproduit plusieurs des discours de Robespierre aux Jacobins ou à la Convention, l'événement du 9 thermidor change en un coup l'admiration en haine, les insultes constantes aux contre-révolutionnaires en applaudissements. La séance du 9 thermidor, extraite du *Sablier*, est reproduite en entier dans le n° 30 (du tridi 13 thermidor), la proclamation de la Convention après la chute de Robespierre dans le n° 31 (sextidi 16). *Le Vrai Jacobin* prend, dans ce même numéro, la plume pour déclarer qu'il a été trompé par Robespierre. Il imprime la lettre des « Administrateurs et de l'Agent national du district de Sedan à la Convention nationale » en date du 13 thermidor ; Robespierre était un nouveau Cromwell, on a bien fait de l'égorger ; cela est signé de jacobins pur-sang (2) qui sont en train—sincèrement ? par calcul ? — de faire amende honorable.

Aux séances du club de Sedan, la même politique, d'abord robespierriste, ensuite

(1) Dans une note de la page 132, on trouve l'explication de ce mot : « *Colique* est un terme ardennais, il sert à dépeindre un lieu où vont se rassembler des personnes qui emportent chacune 2 ou 3 bouteilles de vin, et qui boivent et mangent jusqu'à ce que la colique les force d'aller se coucher, le plus souvent on les y porte. »

(2) Composition du District, au 16 thermidor : Maret, président,

contre-robespierriste, reflète les opinions des Jacobins (1).

Comme nouvelles locales, à part les très intéressants procès-verbaux de ce club, nous avons peu à glaner dans le *Vrai Jacobin*.

Des nouvelles de l'armée sont données sur l'armée des Ardennes, commandée par le général Charbonnier « du camp des Montagnards, le primidi 2me décade de ventôse » (n° 4), sur l'armée des Ardennes, par une lettre du général Hardy, datée de Védette-Républicaine (n° 7), sur les manœuvres qu'exécutent chaque jour, dans l'église de Bouillon, les patriotes sedanais détachés sous le commandement du général Michaud (n° 8), sur la défaite de York près de Lille, par une lettre adressée de Roubaix à Vassant (n° 13), sur l'entrée de l'armée des Ardennes à Charleroi « aujourd'hui Charlibre » (8 messidor, de Védette-Républicaine, lettre de Barbier, adjudant-général, chef de brigade); sur les engagements de Tourcoing et de Roubaix, par une lettre du citoyen Nicolas Godard, sergent au 4me bataillon des tirailleurs, à sa femme « excellente républicaine » (n° 20), sur la prise de Mons (lettre de Sionville à Durège), la prise du duc d'Enghien (lettre de Barbier), sur la bataille entre Mons et Charleroi (lettre de Mogue) (n° 22), sur l'armée de Sambre-et-Meuse (lettres de Devivet à Vassant et du général Prestat, de Namur, à sa femme) (n° 27); prise de Trèves (n° 35).

Peu d'informations politiques, en plus de celles relatives au 9 thermidor. Une *variété* annonce aux républicains qu'à Sedan, on

Lagrive, Briet, Vuillème, Mozet, Robert, Vaillant, Suchetet, Romphleur, Agon, administrateurs; Vassant, agent national; Richard, secrétaire.

(1) Les renseignements que nous donne le *Journal du Vrai Jacobin* sur la Société Jacobite sont utilisés dans les pages qui vont suivre.

emploie mille manœuvres pour attaquer les Jacobins : on les a représentés comme « anarchistes, hommes de sang, » on les représente maintenant comme « intrigans ; » « on dit avec malignité, quels sont ces hommes révolutionnaires de Sedan ? L'un est fils du médecin de Capet ; l'autre est un banqueroutier de Libreville ; celui-ci est un Autrichien (1) ; celui-là un muscadin » (n° 4). — Quelques-unes des nouvelles étrangères ou locales concernent « la prétendue Convention nationale de Bouillon, » la situation politique de Grandpré, dont l'horizon s'est éclairci grâce à Dufresne et Michel, commissaires délégués par la Société populaire de Sedan (n° 7), la Société populaire de Bouillon (n° 8), la commune de Sedan où règne toujours la plus grande tranquillité (n°s 16, 31), où l'esprit public après la chute de Robespierre est toujours excellent (n° 37), la générosité des citoyens de Sedan pour les femmes des soldats (n° 18), etc.

Enfin, nous n'avons pu découvrir dans la collection qu'une seule annonce : un avis de la commune de Fumay demandant un instituteur (n° 37).

***

Là se bornent les renseignements qui concernent la presse dans les Ardennes pendant la Révolution. Il nous faut, en effet, négliger un périodique qui, malgré son titre, n'est pas un journal : le *Journal des Emigrés des quatre-vingt-trois départemens*. C'est la liste des émigrés de chaque département ; suivant Barbier, la liste des Ardennes a paru, mais elle a échappé à nos recherches (2).

---

(1) Ces allégations nous paraissent désigner Durège, Varroquier et Vassant.

(2) Cf. E. Hatin, *op. cit.*, p. 229, col. 2 et M. Tourneux, *op. cit.*, p. 653, col. 2, n° 10865. — La Bibliothèque nationale (LC2 2565) n'a que le prospectus.

ADDITION. — A ces différents journaux, nous devons ajouter **Le Vrai Républicain Sedanais,** malgré qu'il parût seulement plus tard, pendant la réaction thermidorienne, aux environs de germinal an III (mars-avril 1795). Nous n'en connaissons et l'existence et la brève histoire que par le *Sedan sous la Première Révolution* (13e période) de M. Ch. Pilard, qui nous permettra de lui faire quelques emprunts.

Justin Herbulot fut le fondateur de ce journal dont il était à la fois l'imprimeur et le rédacteur. Le journal paraissait les primidi, quartidi et septidi de chaque décade, et se vendait six liards le numéro. « Réprouvant carrément les actes de la Révolution, il défendait avec opiniâtreté les droits acquis et dénonçait les manœuvres de plus en plus hardies des ennemis de la République. »

L'Administration en prit ombrage et suspendit la gazette, à la suite d'un article contre les magistrats consulaires de Sedan. Peu de temps après, elle le supprima tout à fait pour un point omis sans malice entre deux phrases dont la réunion faisait dire au rédacteur : « Aux membres du district les scélérats. »

Herbulot s'en alla à Paris où il développa son réel talent dans la presse de la capitale et mourut jeune de la poitrine.

X

Les séances de la Société populaire de Sedan en 1793 et 1794

Les Jacobins sedanais, Vassant en tête, avaient fondé, le 31 octobre 1792, la *Société des Amis de la République*. Nous avons donné déjà (1) un aperçu des séances qui se tinrent pendant les deux premiers mois de son existence (1er décembre 1792-26 janvier 1793).

Entre cette date et le commencement de l'année 1794, autrement dire pendant toute l'année 1793, les documents sont si clairsemés qu'il est impossible de tenter une reconstitution de la vie du Club à cette période décisive dans l'histoire de la Révolution. Un fait certain, c'est que le titre de la Société avait changé. Elle s'appelle couramment *Société populaire*; le Conseil de la commune fait suivre ce titre des mots : « *ditte Temple de la Liberté et de l'Egalité* (2). » Son titre officiel est : *Société populaire, jacobite et montagnarde de Sedan*, ou *Société populaire des Amis de la Liberté et de l'Egalité de Sedan, affiliée aux Jacobins de Paris*. Ses décisions étaient communiquées aux intéressés sur du papier à en-tête (3) imprimé, portant le titre précédent, et, au-dessus, les devises :

ÉGALITÉ	Notre union fait	LIBERTÉ
FRATERNITÉ	notre force.	RÉVOLUTION

La République ou la Mort.

(1) *Sedan, il y a Cent ans*, 1re partie, pp. 137-144.
(2) Délib. du 3 septembre 1793.
(3) Mission de Delacroix (Arch. Nationales, D § 1, n° 13).

De rares procès-verbaux des séances de 1793 ont été conservés, celui du 16 février (1), et ceux des tumultueuses soirées du 7 juillet (2) et du 20 août (3).

Nous allons publier *in-extenso* le premier, qui est de beaucoup le plus développé que nous ayons pu lire, car ceux qui nous sont parvenus pour l'année 1794 par le *Journal du vrai Jacobin* sont tout à fait succincts.

§ I.

Une séance en 1793.

La séance du 16 février était présidée par Jarry.

« Le procès-verbal de la dernière séance n'ayant pas été rédigé, on se borne à la lecture des notes qui devaient servir à sa rédaction. Après cette lecture faitte par L'Enfant, Doublet obtient la parole sur le procès-verbal ; il se plaint de ce qu'il n'y est pas fait mention d'une proposition par lui faitte à la dernière séance ; Baille le Jeunne répond que Doublet a mal interpretté la lecture du procès-verbal ; Beaulieu démontre clairement que toutte proposition ou motion non acceptée par la Société ne devroit point être inscritte dans le procès-verbal. Sa proposition se trouvant appuyée, le président la met aux voix et elle est adoptée.

« Beauregard, après avoir obtenu la parole, observe à la Société qu'il n'a pu faire une liste exacte des Sociétaires comme il s'y ettoit engagé à la précédente séance, que les procès-verbaux ne sont point inscrits sur le registre qui se trouve dans le plus grand désordre ; il finit par demander la censure contre tous les secrétaires des séances précédentes ; L'Enfant observe que les derniers secrétaires ne peuvent être inculpés et qu'ils n'ont point eu de part au mauvais ordre du registre. Beauregard dit ensuitte que ne pas dénoncer un abus, c'ettoit y participper et s'en rendre coupable, d'où il conclut que tous les secrétaires des séances précédentes devoient estre censurés. Les tribunnes applaudissent. Abicot demande que ceux qui ont négligé d'inscrire les procès-verbaux sur le registre soient tenus de le faire faire incessement à leurs dépends ; Beaulieu réplique que Abicot s'en ettoit chargé, Villette le jeunne s'offre obligement de remettre le registre en état. La Société accepte son offre et après quelques discussions sçavoir s'il se transportera chez le président ou le secrétaire pour transcrire les procès-verbaux obmis sur le registre, il est arretté par la Société que le registre sera confié à Villette le jeune.

(1) Arch dép. des Ardennes, L. 585.
(2) *Sedan, il y a Cent ans*, 2me partie, pp. 34-35.
(3) *Idem*, p. 20.

« On procède ensuitte à la réception des candidats. Brutus Treillard est admis et prette son serment avec les citoyens admis aux précédentes séances.

« L'ordre du jour appelloit la quête proposée dans les dernières séances pour suppléer au bal du jeudi gras, deux secrétaires se sont transportés dans les loges des sociétaires et ensuite dans les tribunes d'après le voëu qu'elles ont manifesté de vouloir participper à cet acte de bienfaisance. Cette quette s'est montée à cent douze livres dix-neuf sols, dont deux livres quatorze sols en numéraire. Le trésorier absent, le citoyen président s'est chargé de cette somme pour la verser dans la caisse, ainsi que de celle de cinq livres remise sur le bureau pour le même objet par le citoyen César Labauche.

« Un des secrétaires fait lecture d'une lettre des citoyens indigents de Bouillon, qui ne peuvent se procurer du pain même avec de l'argent, tous les sociétaires manifestent leurs commisérations et Beaulieu observe qu'il existe un traité entre la France et le duché de Bouillon relativement à cet objet et qu'en conséquence de ce traité les Bouillonnais doivent tirer de Sedan certaine quantité de grains, il ajoute que c'est aux corps administratifs et non à la Société à mettre le traité à exécution, et enfin demande le renvoy de cettre lettre à la municipalité. Baille l'aîné assure au contraire avoir vu une lettre du Ministre qui deffend l'exportation des grains dans le pays étranger, même dans le duché de Bouillon. Brion est d'un avis contraire et observe que l'Assemblée nationalle a excepté le duché de Bouillon dans son décret contre l'exportation ; Beaulieu appuyé par Baille le jeune demande que l'on nomme deux commissaires pour communiquer la lettre dont s'agit aux corps administratifs, la question mise aux voix est adoptée. On nomme pour comissaires les citoyens Beauregard et Brion.

« Une anonyme assure le président qu'elle a à sa disposition deux leiettes pour deux femmes en couches et qu'elle y ajouttera quelque secours d'argent, cet acte d'humanité engage un membre à en demander mention honorable, cette motion appuyée et mise aux voix est adoptée.

« On lit une lettre du citoyen Rivière, maire de la commune de Marquigni-aux-Bois, ce maire fait au nom de sa municipalité offre de cinq paires de souliers pour nos frères d'armes, la Société arrette qu'il en sera fait mention honorable au procès-verbal et qu'il en sera écrit à laditte municipalité, de même que de l'offrande faitte de trois paires de souliers par les citoyens Gridaine, curé de Suzanne et Gérard, curé de Tourteron.

« Servais du Fond-de-Givonne fait remettre sur le bureau cinq livres pour les pauvres. La Société arrette qu'il en sera fait mention honorable.

« Jacquot commence la lecture de la correspondance par une lettre de la Société populaire de Dijon et une adresse tendante à demander à la Convention le rapport de son décret du huit décembre sur les subsistances. Cette adresse regardée par Baille le jeune comme contraire à la loi, il demande qu'on passe à l'ordre du jour. Renaud l'appuye en démontrant de la manière la plus énergique et la plus claire qu'une Société ne peut demander le rapport d'une loi. Jacquot fondé sur un décret qui permet de censurer les autorités constituées prétend qu'on peut censurer les décrets de la Convention. Renaud et Baille l'aîné le combattent et prouvent évidement le contraire. Jacquot insiste en disant que la Convention est une autorité constituée en ce sens qu'elle est envoyée par le peuple. Renaud détruit cette assertion et est vivement applaudi.

« Sur la demande de Baille appuyé par un membre, les censeurs sont invités à faire leur devoir et les citoyens qui se trouvoient dans les loges destinées seulement aux femmes sont priées d'en sortir.

« Suit l'ordre du jour. Jacquot fait lecture d'une adresse aux citoyens de Sedan et de la campagne pour les inviter à se présenter aux travaux des fortifications : il est applaudi des sociétaires et des tribunes et sur la demande de Baille, appuyée par un membre, le président va aux voix, sçavoir si cette addresse sera adoptée. Elle l'est unanimment.

« Jacquot fait lecture du règlement. Beaulieu demande que le règlement porte deux trésoriers et quatre censeurs, ou seulement un trésorier et deux censeurs. Renaud observe que le trésorier de bienfaisance n'est que provisoire. Beaulieu se restreint au second membre de sa proposition ; Baille demande que la Société arretté que le nombre des censeurs ne soit pas fixé, et Renaud demande qu'on rectifie l'article qui dit que les censeurs seront nommés au scrutin, parce que par un arretté de la Société ils doivent être nommés tour à tour ; il demande aussi qu'on fixe le tems de leur exercice ; d'après ces demandes et observations, la Société a arretté que le nombre des censeurs seroit relatif aux circonstances, qu'on les nommerait à tour de rôle et que le tems de leur exercice seroit fixé à quinze jours.

« Beaulieu demande l'exécution de l'arretté qui invitte le trésorier à se trouver au Bureau ; sur l'observation de Jacquot que des occupations peuvent l'empêcher de se trouver aux séances, Renaud appuyé par un membre demande et la Société arrette que le trésorier pourra s'adjoindre un membre.

« Regnault parle sur les diplomes, et la Société arrette qu'il rédigera sa motion pour en faire un article ou partie d'un article du règlement.

« Labauche père demande que les diplomes soient signés par les membres auxquels ils seront expédiés par le président et les secrétaires ; Beaulieu observe que plusieurs diplomes ont été délivrés et que l'article additionel proposé ne peut avoir d'effet rétroactif. La proposition de Labauche est adoptée avec l'amendement de Beaulieu.

« Soyer observe qu'il a été secrétaire et que ne connoissant pas l'archiviste, il a remis les papiers à l'huissier de la salle qui lui a répondu ne pas connoitre l'archiviste. Sur la motion de Renaud appuyé par un membre, la Société a arretté qu'on écriroit au citoyen Le Moine, archiviste, pour sçavoir s'il veut fraterniser avec la Société et qu'on écriroit de même à tous les membres qui ne sont venus à aucune des séances.

« Thierry appuyé par un membre demande et il est arrêté que

les fèves blanches seront désignées dans le règlement pour être en faveur du candidat qu'on passe au scrutin.

« Menu monté à la tribune y récite une longue et patriotique prière et demande qu'elle soit imprimée et récitée par tous les membres de la Société au commencement de chaque mois. Verrier ne croit pas cette dépense nécessaire, encore moins d'astreindre tous les membres de récitter une prière au longue haleine, et il demande que le préopinant qui la sçait par coeur la récite lui-même tous les mois.

« Baille appuyé par un membre réclame l'ordre du jour, et on y passe.

« Verrier monte à la tribune et y prononce un discours sur la liberté, l'égalité et la nécessité des moeurs dans une République. Sur la demande de Jean Labauche, cette lecture a été remise à la séance prochaine.

« Sur l'observation de Vilette qu'il subsistoit encore dans cette ville quelques signes de l'ancienne féodalité, tels que le nom de rue de Bourbon et des fleurs de lys dans différents endroits, sur la demande de Beaulieu appuyée par un autre membre, la Société arrête qu'on s'addressera aux corps administratifs pour demander la réforme de ces abus et qu'on invittera la municipalité à subsistituer *(sic)* le nom de rue Pelletier au lieu de rue de Bourbon, à moins que la municipalité n'ait en vüe quelqu'autre dénomination.

« Beauregard se plaint de ce que des citoyennes ont esté insultées ; il demande un exemple. Baille appuye sa plainte et motion, et il est arretté que quiconque manquera de respect au sanctuaire de la Société, en insultant soit nos braves citoyennes, ou quelqu'un quel qu'il fut, soit conduit par l'huissier de la salle. Cette proposition mise aux voix est adoptée.

« Les candidats proposés la séance dernière sont :

« Le citoyen Fourrier, imprimeur, ci-devant membre du district, proposé par Nolzier, appuyé par Edouard Béchet et par Renaud.

« Bourotte, commissaire des guerres, proposé par Jacot, appuyé par L'Enfant et d'Arrange.

« Tournezi, employé dans les fourages, proposé par Jarry, appuyé par Savary et Renauld, officier du Cher.

« Bertèche neveu, proposé par Le Roy, appuyé par Alexandre et Villette.

« Fourier, notaire, proposé par Messageot, appuyé par Moulinet, Huart et Raulin Trevisani.

« Le président annonce la prochaine séance pour mardi vingt du courant. La séance est levée à huit heures.

« *Signé :* MARECHAL, D'AVRANGE, JARRY. »
Secrétaire, Secrétaire.

Ce procès-verbal est le seul dont nous puissions tirer quelques renseignements utiles sur l'organisation intérieure du Club. D'abord, sur son installation matérielle : des loges sont réservées aux sociétaires ; il semble aussi que certaines étaient destinées seulement aux femmes, puisque les censeurs sont invités à en faire sortir les citoyens. Les tribunes sont occupées par le public. Nous y voyons que le vote se faisait à l'aide de fèves correspondant aux « boules » jadis en usage dans nos Universités : les fèves blanches indiquent les voix pour l'admission du candidat-sociétaire. Enfin, nous connaissons par lui l'existence de nouveaux dignitaires de la Société : les trésoriers et les censeurs, l'archiviste — Le Moine, nouvellement élu maire et déjà en train de bouder — et les huissiers.

Des diverses motions présentées en cette séance, une seule vaut d'être retenue. « On invitera la municipalité à substituer le nom de rue Pelletier au lieu de rue de Bourbon, à moins que la municipalité n'ait en vue quelqu'autre dénomination. » Cette décision nous montre que la délibération du 6 octobre 1792, donnant à cette rue le nom de rue de l'Egalité, n'avait pas encore été exécutée. Quant à Lepelletier, de Saint-Fargeaux, qu'on éprouvait, à Sedan, le vif désir de voir devenir le parrain d'une rue — comme il en est encore aujourd'hui pour nos contemporains célèbres, et au détriment de nos souvenirs locaux — son nom fut donné, à une date inconnue, à la rue Saint-Michel (1). L'acte de vente de l'hôtel des Trois-Maures (15 ventôse an III), « venant du ci-devant hôpital et loüé au condamné Faussois » porte que cette maison, dont nous avons retracé l'histoire, était située « rue Lepelletier (2). »

(1) L'ignorance de ce changement de nom nous a fait commettre une erreur (*Sedan, il y a Cent ans*, 1re partie, p. 189).

(2) *Arch. des Ardennes*, Q. 298, fol. 23 r° (Communication de M. Ernest Henry).

§ II

Les séances du 9 ventôse (27 février) au 7 fructidor an II (24 août 1794).

Avant le 9 ventôse, nous ne connaissons guère qu'une chose, et encore très incidemment : la composition du bureau aux deux séances du 26 nivôse (15 janvier) (1) et au 4 pluviôse (23 janvier) (2). La première était présidée par Lelut et avait pour secrétaires Valtat, Vinmer et Simon, et pour trésorier Maret ; à la seconde, présidée par L'Enfant, Cayrol et Wirion étaient secrétaires.

Nous sommes, en revanche, suffisamment renseignés sur la période finale de l'existence du Club, grâce à la publication de ses comptes-rendus par le *Journal du Vrai Jacobin* qui va nous fournir la substance de cette étude.

D'une façon générale, les séances du Club empruntent à l'époque même pour laquelle nous possédons les procès-verbaux complets, mais un peu courts, une intensité de vie, de mouvement et souvent de tumulte plus grande qu'à ses débuts. Toutes les séances que nous résumons chronologiquement se placent en effet entre le triomphe du terrorisme et la réaction thermidorienne (3).

(1) *Défense de Jacquot à la Convention nationale* (Bibliothèque de Sedan ; Don Cunin-Gridaine, Con I.).

(2) Proclamation de la Société constatant que « les patriotes Vassant, Lambert, Ronsin et Vincent sont opprimés ; il y a oppression contre le corps social. » (*Pièces aux mains de Delacroix.* — Communication d'un Sedanais).

(3) Tableau de corrélation entre les dates des séances, leurs présidents connus et les numéros du *Journal du Vrai Jacobin :*

	Séances	Présidents	Journal
Ventôse	9		Nos 4
	13		5
	14		5
	17		6
	21	Massieu	7
	24		8

Lacune.

(*Voir la suite de la note à la page 138*).

Le 9 ventôse, le représentant Roux présente une réclamation sur le procès-verbal de la précédente séance à propos de son secrétaire, parent de « l'infâme Philippoteau. » — Un membre lit le rapport relatif à la mise en liberté de Vassant, relâché depuis le 18 pluviôse. Les applaudissements éclatent parce que « les contre-révolutionnaires affectent de dire que Vassant n'est point en liberté. » — Les ouvriers des manufactures se sont plaints que leur paye fût insuffisante. Un rapport est communiqué à leur sujet.

La partie principale de la séance du 13 ventôse est occupée par la justification de l'orfèvre Maret chez qui avaient été trouvés des couverts aux initiales J. G. On l'accusait d'avoir dérobé à la Société populaire ceux donnés par Jean Gélu. Il est reconnu qu'il y avait confusion. Les couverts sont ceux de Jean Gochard, curé de Beaumont.

	Séances	Présidents	Journal
Prairial	12	Durège	Nos 13
	13	id.	13
		Lacune.	
	13	id.	16
	27	id.	17
	29	id.	18
		Lacune.	
Messidor	6	Vassant	20
	9	id.	21
	14	id.	22
	16	id.	23
	19	id.	24
		Lacune.	
	25	id.	26
	29	id.	27
Thermidor	3	id.	28
	6	id.	29
	6	Varroquier	30
	14	id.	31
	16	id.	32
	19	id.	33
		Lacune.	
	26	id.	35
		Lacune.	
Fructidor	3	id.	37
	7	id.	38

L'identité des initiales avait trompé les dénonciateurs.

La correspondance dépouillée le lendemain apporte un rapport de Saint-Just à la Convention. — Avant de se livrer à une longue discussion sur l'instruction publique, la Société décide que « décadi prochain, jour de l'inauguration du temple de la Raison, elle accordera un prix au jeune citoyen qui récitera le mieux les *Droits de l'homme*. Un membre offre en don patriotique le *Contrat social* de Jean-Jaques *(sic)* Rousseau, pour ce jeune citoyen. »

Le 17, grand émoi. On vient de découvrir chez un riche de la commune de Sedan deux caisses remplies de lames d'épées et de sabres au nombre de 4.000. L'affaire est renvoyée au Comité de surveillance, en observant que cette découverte coïncide avec le moment où les *Chevaliers du Poignard* sont réunis à Paris pour égorger les patriotes. — Combien pâlissent à côté de cela la recherche des moyens pour choisir de bons officiers supérieurs et la déclaration par une députation de gendarmes que Wirion, chef de brigade de la gendarmerie nationale, est un républicain prononcé !

Lecture est faite, à la séance du 21, d'une lettre émanant de la Société populaire de Givet qui rend justice à Rostollant, adjudant général, blessé, trois jours avant, au côté droit, dans une charge de cavalerie à Danoi, près Chimay.

Les Jacobins protestent, le 24, de ce que plusieurs patriotes, entre autres Defresne *qui a dénoncé Custine*, sont arrêtés pour n'avoir pas donné l'état de leur vie politique depuis 1789.

Durège préside la séance du 12 prairial, la première que mentionne le *Journal*, après une lacune de quelques numéros dans la collection de la Bibliothèque nationale. La Société s'est rendue en cortège au temple de l'Eternel. Après un morceau de musique, on a lu un discours de Robespierre. Puis on a proclamé le décret qui déclare que les habitants de Sedan et des communes avoisinantes ont bien mérité de la Patrie, en sauvant la frontière des Ardennes. Un membre a prononcé un discours à propos de l'anniversaire du 31 mai. Puis, nouveau morceau de musique et bal civique au profit des indigents.

Le lendemain, la réunion est consacrée à la fabrication du salpêtre.

C'est à la date du 27, que fut acclamé Levasseur, signataire de l'ordre d'arrestation de la Municipalité de 1792. Nous avons publié tout au long le compte-rendu de cette réception enthousiaste (1).

Deux jours après, la Société fait fête à deux soldats de la garde nationale sedanaise, Legovie et Brodel, qui, prisonniers des Autrichiens à l'affaire de Bouillon, ont pu s'échapper heureusement.

Le 6 messidor, Vassant a remplacé Durège. On présente les six jeunes citoyens choisis pour aller à l'Ecole de Mars, sise dans la plaine des Sablons, près Paris. Le jeune Vauthier, orateur de la députation, a prononcé un discours plein de feu. Les Jacobins ont accompagné, en musique, ceux qui partaient, jusqu'à une lieue de Sedan. « Le respectable Maire de Sedan (Vassant), après leur avoir donné des conseils patriotiques, leur a remis une pique couverte du bonnet de la Liberté, en leur disant : *Mes amis*, voilà le signal de la victoire ; avec cet emblême sacré, vous terrasserez l'ennemi, par votre courage et par vos vertus. »

Vassant préside les séances suivantes jusqu'au 6 thermidor.

Le 9, lecture est faite, au milieu de l'indignation générale, du discours de Robespierre sur la proclamation de York. — Le citoyen Jorry attaqué présente sa défense.

Le 14, les membres de l'assemblée sont saisis d'une joie immense au récit des exploits de leurs frères d'armes. Le jour de la décade on célèbrera

(1) *Sedan, il y a cent ans*, 2e partie, pp. 72-73.

une fête patriotique. Les citoyens seront revêtus des couleurs nationales. Réunis à trois heures du matin, tous iront par les champs et les bois couper les végétaux inutiles à l'agriculture pour les réduire en cendres et, avec le salpêtre, faire danser la « carmagnole aux rois. »

Le couplet suivant est alors chanté :

Air : *Chacun avec moi l'avouera.*

A chaque instant nouveaux succès ;
Chaque jour est un jour de gloire :
Oui, les Républicains français
Volent de victoire en victoire.
J'en viens chanter une avec vous
Qui nous conduit dans la Belgique.
Ypres et Charleroi sont à nous.
Vive à jamais la RÉPUBLIQUE (*bis*).

Deux jours après, des nouvelles agréables concernant les faits d'armes de nos armées sont encore communiquées. L'assemblée proteste ensuite contre les huissiers.

Le 19, à la lecture des nouvelles des victoires, Levasseur (de la Sarthe), présent à la séance, a été embrasé du feu qui consume tous les cœurs des Ardennais. Il fait un discours dans lequel il « donne l'extrême-onction aux aristocrates. » Après quoi, il est rendu compte de la fête du salpêtre, célébrée suivant le programme tracé précédemment.

Le 25, Mogue demande, dans un discours, l'affiliation de la Société de Marat-sur-Aisne (Château-Porcien) à la Société de Sedan. Lefranc profite de la circonstance pour faire un discours sur Marat.—On fait le récit de la fête du 14 juillet, dont les éléments ne variaient pas plus alors d'année en année qu'ils ne varient aujourd'hui.

Le 29, les Jacobins votent une adresse à la Convention nationale pour l'inviter à rester à son poste jusqu'à la mort de tous les rois. Ils sont informés que Levasseur purge Mézières de tous les contre-révolutionnaires et que la Société a chassé de son sein « quelques loups aristocrates couverts de la peau de l'agneau qui avaient surpris sa confiance. »

Thermidor commence sans que l'ordre du jour habituel des séances ne subisse de changements. Le 3, annonce de victoires ; serment de soutenir la république démocratique ; renouvellement du scrutin épuratoire.

Le 6, entrée des jeunes citoyens et des jeunes citoyennes présentés avec leurs instituteurs pour chanter des hymnes patriotiques. Le Président leur donne l'accolade et prononce un discours. Les instituteurs viendront une fois par décade avec leurs élèves. On donnera un prix au meilleur récitant et un prix pour la musique, qui seront distribués le 30e du mois. — Mogue, Varroquier et Vassant prennent la parole pour proposer des réformes touchant les abus dans la distribution des vivres et des fourrages. — Un nouveau bureau est élu. Il comprend : Varroquier, président ; Mogue, vice-président ; Eudel, Linge, Grandjean et Migette l'aîné, secrétaires.

Dans une deuxième séance tenue le même jour, une adresse est envoyée à la Convention. — Lecture est faite d'un discours d'Elie Lacoste. — La fête de Bara et de Viala a été célébrée gaiement.

La séance du 14 présente un intérêt exceptionnel. C'est celle où l'on annonce la chute de Robespierre. Un rapport est présenté sur « l'infernale conjuration » du tyran. Vassant prononce un discours où il le compare à Cromwell. Varroquier et Durège renchérissent sur lui.

Le Club a donc lâché ses amis malheureux. Le 16, après le discours d'un commissaire pour activer les manifestations, on entonne un chant d'allégresse et on organise une fête civique pour célébrer la chute de Catilina Robespierre, de Couthon et de leurs complices.

Malgré ces démonstrations, les Jacobins de Sedan sont frappés par le gouvernement nouveau dans la personne de plusieurs de leurs membres. Le procès-verbal du 19 constate qu'il y a beaucoup de monde à la séance à cause de l'apposition des scellés chez quelques patriotes de marque.

Mogue arrêté écrit pour protester. Vassant dit qu'on a mis les scellés chez lui. Durège et Varroquier s'en étonnent : « pourquoi ces mesures puisqu'ils ont applaudi à la chute de Robespierre ! » Vassant « peint avec sa manière plaisante les farces sacerdotales, les *agnus Deï*, les pantomimes monacales et autres singeries gothiques des prêtres. » Conclusion : On s'informera des motifs de l'arrestation de Mogue !!!

Les dernières séances, dont le *Journal du Vrai Jacobin* nous rapporte les extraits, ne contiennent plus aucune allusion aux méfaits de la réaction thermidorienne. On revient à des ordres du jour complètement dégagés de toute tendance politique.

Le 26, Vassant parle du soin qu'on doit apporter aux écoles primaires. — Millard annonce que la Municipalité a fait des démarches nécessaires pour que le pain soit plus beau et meilleur. — La Société arrête qu'on souscrira à un vaisseau *Le Vengeur* (probablement, un modèle réduit, comme la *Bastille* du patriote Palloy).

Le 3 fructidor, communication d'une lettre des administrateurs du district demandant des collaborateurs pour les aider dans la sublime institution d'un *museum*. Vassant en démontre l'utilité. « Enfin, l'ignorance va mourir à Sedan ! » — On décide l'envoi à Paris d'une délégation pour protester des vœux patriotiques de Sedan et demander l'échange des prisonniers sedanais à l'affaire de Bouillon.

La séance du 7 est la dernière qui nous soit connue par le *Journal* qui, vraisemblablement, cessa à ce moment sa publication. Elle fut consacrée à l'audition des élèves des écoles primaires. Les citoyens Taix et Rosbanc les ont fait chanter « sans qu'on voie des sons langoureux en *amoroso* qui énervent les enfants. » Gaspard a fait réciter les Droits de l'Homme. L'écriture annonce des progrès. Les prix seront distribués par Delacroix à son arrivée à Sedan.

§ III.

Le Club pendant la réaction thermidorienne et sa liquidation.

Ainsi, l'arrivée de Delacroix était signalée dès le 7 fructidor. Elle fut fatale aux terroristes qui, on l'a vu plus haut, déjà inquiétés presqu'aussitôt après la chute de Robespierre, furent mis en arrestation vers le 10 de ce mois.

Cependant, les terroristes ne restaient pas inactifs ; ils ne pouvaient pas comprendre que l'heure du châtiment était venue. La délégation nommée le 3 se trouvait à Paris et avait été admise à la séance des Jacobins du 6 ; elle avait prononcé un discours pour remercier la société-mère de l'adresse qu'elle avait envoyée aux sociétés affiliées, à propos des événements du 9 thermidor (1). Lefranc, membre de la délégation, s'était présenté à la barre de la Convention pour la féliciter « sur le supplice du tyran Robespierre, engager La Montagne à livrer la guerre à l'aristocratie et pour déposer une grande quantité de salpêtre que les citoyens de Sedan avaient fabriqué. » Mais il avait été mis en arrestation et conduit au Comité de sûreté générale, « comme un scélérat qui avait été chassé de son bataillon pour crime de dilapidation ! »

Nous apprenons ces détails par le discours de Levasseur, retour des Ardennes depuis le changement de gouvernement, à la séance des Jacobins de Paris du 15 fructidor (1er septembre) (2) ; Levasseur explique que la dénonciation émane de Roux, lui aussi ancien représentant dans les Ardennes, et qui, on le sait, avait suivi une poli-

(1) Aulard, *La Société des Jacobins de Paris*, t. VI (1897), p. 370. — La n. 1 dit que le discours de la députation de Sedan est imprimé dans le *Journal de La Montagne*, nº du 8 fructidor (t. III, p. 958).

(2) Aulard, *op. cit.*, t. VI, pp. 400-401.

tique toute contraire à celle que devait, après lui, suivre Levasseur.

Les Jacobins arrêtés demandent à la Société de Paris des défenseurs officieux. A ce propos, Levasseur et Roux prennent la parole (1).

« Levasseur rend hommage au patriotisme des pétitionnaires, vrais sans-culottes, pères de famille et artisans patriotes.

« Il annonce que les ayant nommés pour composer le Comité de surveillance de Sedan, ces généreux citoyens lui dirent : Nous avons besoin de notre travail pour vivre ; mais si nos soirées et nos veilles sont utiles à la République, nous sommes tout entiers à elle.

« Aujourd'hui, ils se voient chassés de leurs demeures et opprimés... »

Massieu appuie les observations du préopinant.

Roux déclare :

« J'ai été en mission dans le département des Ardennes, et je regarde comme un problème de savoir ce que l'on doit penser de ce pays, où tour à tour on a incarcéré et l'on a été incarcéré ; ce contraste ne vient-il pas de ce qu'on s'en est rapporté à tous les représentants envoyés dans ce pays, et que l'on ne s'est pas donné la peine de les entendre contradictoirement.

« J'applaudis à la mesure qui vient d'être prise ; les représentants du peuple prouveront qu'ils ne craignent pas la lumière, en se rendant au Comité pour y donner des renseignements. »

Pendant que ces appréciations contraires s'exprimaient aux Jacobins, les modérés sedanais, se sentant appuyés par Delacroix et débarrassés des chefs du parti adverse, continuaient à tenir les séances du club. Le 18 fructidor, en présence de Delacroix, Brazy flétrit les robespierristes du haut de la tribune du collège d'où étaient tombées tant de paroles de haine contre « l'aristocratie et le

(1) Séance du 17 fructidor. — Aulard, VI, pp. 407-408.

modérantisme ; » le 20, c'est Menu qui fit vibrer la même corde (1). Le 27, Bourguin le jeune, modéré, présidait la séance (2).

Les patriotes étaient toujours opprimés. La Société de Mouzon réclama leur délivrance auprès des Jacobins de Paris.

Levasseur dit alors :

« La Société de Mouzon se plaint avec raison de l'oppression des patriotes, et de la liberté rendue aux aristocrates. Elle vous parle d'après les exemples qu'elle a sous les yeux ; elle n'est qu'à quatre lieues de Sedan, où les plus chauds amis de la liberté sont incarcérés ; elle fait preuve d'un grand courage en vous dénonçant les abus qui affligent ce pays ; car elle doit craindre le sort que l'on fait éprouver à la Société de Sedan. Le patriotisme est comprimé dans cette Société ; les aristocrates ont empêché la lecture de votre séance où il est parlé des manœuvres de l'aristocratie du département des Ardennes. Les patriotes disaient, en sortant de la salle, qu'ils étaient opprimés par leurs ennemis, mais qu'ils espéraient que ce malheureux état ne durerait pas longtemps. Non, sans doute, il ne durera pas ; plus on comprime le patriotisme, plus il acquiert de force pour se relever. Le premier des devoirs que les Jacobins aient à remplir est de monter l'esprit public à la hauteur de la Révolution ; les patriotes doivent trouver dans cette Société une masse de vrais défenseurs.

« Chez les Romains, on punissait de mort les Vestales qui laissaient éteindre le feu sacré confié à leur surveillance ; nous mériterions le même sort, si nous n'écrasions pas les scélérats qui veulent éteindre le feu sacré de la liberté. Je finis en demandant que la Société retire son affiliation à celle de Sedan. »

(1) Prégnon, *Hist. de Sedan*, II, pp. 227-233.

(2) Mission de Delacroix ; Arch. Nat., D § 1, n° 13.

Massieu appuie son collègue :

« J'ai été dans le département des Ardennes jusqu'au mois de germinal ; jusqu'alors il avait été tranquille ; mais depuis, sous le prétexte d'y établir le gouvernement révolutionnaire, on a cherché à y faire la contre-révolution. J'ai déposé à votre Comité de correspondance un mémoire sur les renseignements que j'ai pris pendant ma mission dans ces contrées ; la Société pourra se le faire représenter. Levasseur, que vous venez d'entendre, fut envoyé dans ce même département pour y rendre justice à ceux qui la réclamaient. Après avoir acquis toutes les lumières convenables, il fut convaincu qu'à cette époque, comme aujourd'hui, on avait retiré des prisons les ennemis de la Révolution. Quand on apprit la nouvelle de la conspiration d'Hébert et de Ronsin, on accusa les patriotes d'être leurs complices ; en ce moment, on les dénonce comme les partisans de Robespierre. Les hommes les plus purs et les plus ardents patriotes sont sous l'oppression dans le département des Ardennes, et, si le Comité de sûreté générale ne s'empresse d'y mettre bon ordre, je vous assure que dans quinze jours la contre-révolution y sera complète.

« Nous avons ici des patriotes qui se sont réfugiés parmi nous pour éviter les fers, les cachots et les persécutions : ils sont chargés d'accusations atroces, dont ils se sont déjà lavés auprès des Comités de salut public et de sûreté générale ; on les force de répondre une deuxième fois sur les mêmes faits. Je demande que le Comité de correspondance écoute leurs réclamations, qu'il se fasse représenter le mémoire que j'ai déposé et les renseignements que Levasseur pourra lui donner ; alors il sera convaincu que la haine implacable des ennemis de la Révolution poursuit les patriotes du département des Ardennes. »

Levasseur demande que la Société arrête de suite la suspension de son affiliation à la Société de Sedan.

Monestier et Duhem y applaudissent, et *la Société arrête la suspension de son affiliation à la Société de Sedan* (1).

En un autre compte-rendu de la même séance, on lit :

« Un membre reporte l'attention de la Société sur les patriotes vexés dans le département des Ardennes ; il donne pour preuves les vexations que, dans quelques sociétés populaires de ce département, on ne lit plus *Le Journal de la Montagne*, que dans d'autres on refuse de reconnaître les diplômes de la Société des Jacobins de Paris. Il indique nommément celle de Sedan ; il ajoute cependant que des vrais Jacobins, des patriotes énergiques, ont refusé hautement de passer sous ce joug avilissant. Plusieurs d'entre eux sont maintenant dans cette salle prêts à faire entendre leur juste réclamation.

« Par mesure provisoire, *la Société suspend l'affiliation à celle de Sedan* (2). »

Le retrait de l'affiliation ne dut pas émouvoir énormément les leaders actuels de la Société. Ils tinrent encore des séances. Le souvenir est resté de celle du 21 vendémiaire an III (13 octobre 1794) où fut délibérée une adresse de félicitations à la Convention et une approbation de la conduite de Delacroix, adresse signée de 600 noms, dont 120 noms de femmes (3). Ce fut certainement l'une des dernières. Nous ignorons la date de la dissolution, opérée par ordre du gouvernement, et qui se place probablement aux environs du 21 brumaire (12 novembre), jour de l'arrêté des Comités de Paris fermant tous les clubs.

Il ne restait plus qu'une chose à faire, à liquider la situation financière. Les comptes avaient été dressés les 7 fructidor an II et jours suivants ; le bilan, établi le 13 fructidor (4), sur l'ordre de

(1) Aulard, VI, pp. 430-432. — Séance du 23 fructidor.
(2) Aulard, VI, p. 438.
(3) Prégnon, *op. cit.*, II, pp. 237-240.
(4) Arch. Nat., D § 1, n° 13.

Delacroix, au moment où les Jacobins lâchèrent par force la direction du Club, se résumait ainsi :

Recettes.................. 18,747 l 5 s
Dépenses.................. 18,870 l 19 s

Les recettes provenaient de dons, de quêtes, de prêts. Pour alimenter la caisse du Club sous sa nouvelle forme, les modérés firent appel à la bourse de leurs amis qui, comme nous allons le voir, avaient déjà avancé de l'argent au temps de la domination terroriste. Nous connaissons, en effet, quelques détails financiers concernant la Société populaire, par la pétition qu'adressèrent en l'an V, aux administrateurs du département des Ardennes, les citoyens François Gélu, marchand, Alexandre, commissionnaire, Le Roy Gilmaire, négociant, et Louis Gibou, brasseur, « créanciers de la ci-devant Société populaire :

Sçavoir :

François Gélu, de la somme de...... 2,613 l
prêtée le 7 vendémiaire an 3e.

Alexandre, de celle de............ 1,122 l
aussi prêtée le 27 germinal an 2e.

Le Roy Gilmaire, de celle de........ 1,000 l
prêtée le même jour.

Et Louis Gibou, de celle de......... 1,500 l
prêtée le 20 fructidor an 2e. »

Les requérants exposent « que les sommes prêtées en assignats et réduites au cours de Bâle donnent un capital de 1,968 l 10 s qui leur est dû, et dont ils ont le plus vif intérêt d'être payés : qu'à cet effet, ils s'étoient retirés vers le citoyen Godfrin, trésorier de cette ci-devant Société, qui leur a répondu qu'il n'avoit aucun fonds en mains appartenant à cette Société, et qu'il ne pouvoit, par conséquent, les payer de ce qui leur étoit dû, et qu'il ne voyoit d'autres moyens, pour y parvenir, que de faire vendre les meubles et effets à elle appartenants. »

L'administration municipale de Sedan émit, le 29 fructidor an V, une décision favorable à cette proposition de Godfrin, persistant, dit-elle, dans son avis du 30 thermidor dernier donné à l'occasion de la pétition de Vesseron, un autre créancier, certainement. L'administration centrale confirma cette décision et déclara le 4e jour complémentaire an V que la vente se ferait (1).

Ainsi finit la Société populaire, jacobite et montagnarde de Sedan. Elle avait été l'inspiratrice de la Terreur ; elle s'était mise au-dessus des lois en prétendant, comme la Société-mère de Paris, donner des ordres aux représentants de la Convention et aux administrateurs, quels qu'ils fussent. La réaction thermidorienne la brisa. Et pour couronner deux années de crimes et de lâchetés, elle eut, à son lit de mort, la faillite.

---

(1) Arch. des Ardennes, L. 585.

XI

Les dépôts de croix et brevets de l'ordre royal et militaire de Saint-Louis à la commune de Sedan (1792 — an II).

Voici un court document tiré des archives de Sedan (con K, série Z, no 1), qui donne la liste des personnes ayant déposé entre les mains des autorités communales leurs croix et brevets. Il peut intéresser les Sedanais parce qu'il renferme la mention de quelques noms connus d'eux : de Rith, Poupart, Gigou-Saint-Simon, Boire ; on y remarquera aussi la destruction des titres féodaux de la « citoyenne veuve Chardron » et de ses commissions de lieutenant de louveterie.

CROIX DITES SAINT-LOUIS.

Registre relatif à l'enregistrement des titres, brevets des citoyens décorés de la croix de Saint-Louis ou autres décorations, qui ont remis leurs titres, en vertu des décrets.

Le citoyen J.-Joseph Noleveau a remis en la municipalité sa croix dite Saint-Louis et son brevet (6 novembre 1792).

Deux officiers de dragons ont remis leurs croix et leurs brevets...

Le citoyen Claude Carbillet, capitaine au 12me régiment de dragons, a remis sa croix et brevet.

Le citoyen Charles-Georges-Joseph de Rith a remis ici son brevet de croix de Saint-Louis et a déclaré avoir vendu sa croix pour sa subsistance, lors de la suppression.

Le citoyen Pierre Poupart, lieutenant-colonel en cette ville, a remis son brevet, ayant vendu sa croix lors de la suppression de l'ordre.

Le citoyen Fassy Le Roy, capitaine d'infanterie, a échangé cette croix à Paris contre un cachet d'or (24 septembre 1793).

Le 17 octobre 1793. Le citoyen Lecaillette, blessé, malade au lit, a chargé le commissaire nationale de déposer sur le bureau son brevet de croix Saint-Louis, qui a été brûlé sur-le-champ et a justifié par un certificat avoir déposé sa croix en la ville de Metz.

Le 3 frimaire an II, le citoyen Meilus Cheneva, lieutenant au régiment de Neustrie, a remis ses brevets du 9 aoust 1782 et ont été brûlés.

9 frimaire an II.

Le citoyen Gigou-Saint-Simon a déposé et qui ont été brûlés sur-le-champ, une commission a lui donnée en parchemin de capitaine au régiment d'Infanterie-Aubecourt, d'une autre commission aussi en parchemin d'aide-major au régiment d'Infanterie d'Aunis, et enfin une autre commission aussi en parchemin de sa place d'aide-major de cette ville.

Le citoyen Louis Boire a remis ses lettres de quartier-mestre au régiment de Belzunce, dattées du 8 juin 1764, premier lieutenant du 13 avril 1786 et ses lettres de chevalier de Saint-Louis du 8 janvier 1784.

11 frimaire.

Le citoyen Paul Houflard a remis son brevet de maréchal des logis de la compagnie des gendarmes de Flandre, son brevet de porte-étendard de la compagnie des gendarmes de Monsieur le ci-devant compte *(sic)* d'Artois du 18 juin 1763 et ses lettres d'admission de chevalerie de Saint-Louis du 18 août 1772.

15 [frimaire].

La citoyenne veuve Charles Chardron a apporté en la maison commune et y ont été brûlés en séance publique, les titres de ses droits ci-devant seigneuriaux tant honorifiques qu'utiles, au village de Francheval et ses commissions de lieutenant de la louveterie.

Du 16 nivôse.

Le citoyen Grury, capitaine commandant le dépôt du 1er bataillon du 38me régiment ci-devant d'infanterie, a remis sa croix dite de Saint-Louis, ensemble sa médaille du pacte fédératif, et l'acte qui justifie qu'il a assisté en qualité de député à la fette du 20 juillet 1790, a déclaré avoir remis les pièces sur sa croix de Saint-Louis aux chefs du corps, il y a longtemps et ledit acte du pacte fédéraliste a été brûlé.

Du 20.

Les héritiers Jean-Remi Moujot, né en cette ville, blessé à mort à Cambrai, étant alors lieutenant-colonel au 13me régiment de dragons, ont remis sa croix de Saint-Louis et son brevet de capitaine audit corps.

Du 13 pluviôse.

Le citoyen Jean Goulin dit *Vive l'Amour*, brigadier au 11me régiment de chasseurs à cheval, a envoyé brûler en la maison commune, un brevet de vétéran à lui donné à Paris le 27 janvier 1792.

XII

VASSANT

Suivre dans ses menus détails la biographie de Vassant, ce serait retracer l'histoire entière de la Révolution, tout au moins l'histoire de la Terreur, à Sedan. Apprécier son rôle serait rééditer une fois de plus les raisons de haine contre les Jacobins dont il fut la parfaite incarnation. Mon but est plus modeste. Je réunis dans ces pages quelques notes inédites ou dignes de réédition sur un personnage dont une ambition sans bornes, favorablement dilatée par les troubles de la fin du XVIIIe siècle, explique seule la conduite, les sympathies comme les inimitiés.

*
* *

Jean-Baptiste Vassant (1) naquit le 16 novembre 1765, à Villers-devant-Orval, aujourd'hui commune du Luxembourg belge, alors dépendant des Pays-Bas autrichiens, de Louis Vassant, marchand, et de Jeanne Remy (2). Il avait une sœur, Marie-Jeanne, baptisée au même lieu le 16 sep-

(1) Ou Wassant, suivant une orthographe différente des actes publics. Les nombreuses signatures du terroriste sedanais sont toujours conformes à l'orthographe ordinaire.

(2) Voici son acte de naissance : « L'an de grâce 1765, le 16 novembre est né et a été baptisé *Jean-Baptiste Wassant*, fils légitime de *Louis Wassant* et de *Jeanne Remy*, ses père et mère, lequel a eu pour parrain *Jean Willaime* et pour marreine *Marie-Jeanne Marchal* qui ont signé et marqué.

Jean WILLAUME. Marque † de Marie-Jeanne MARCHAL.

H. DOMANGE, vicaire de Villers. »

tembre 1767 (1), laquelle se maria avec Toussaint, brigadier-forestier à Saint-Menges. C'est là que s'était fixé son père, après qu'il eut vendu, en 1768, sa maison de la rue de Margny à Ponce Alexandre (2). Les descendants du ménage Toussaint-Vassant existent encore à l'heure actuelle.

Vassant fut mis au Collège de Sedan. En 1783, il terminait sa seconde. Il devait être classé parmi les meilleurs élèves, car l'affiche (3) de l' « Exercice général sur divers livres de Cicéron, Virgile, Horace, Ovide, Phèdre, La Fontaine et autres auteurs classiques, expliqués dans le cours de l'année ; sur la rhétorique, la poésie, la mythologie, l'histoire sacrée et profane » présente, au mombre des « répondans » en seconde, le nom de « Jean-Baptiste Vassant, de Villé-devant-Orval. » La même affiche annonce pour le « mercredi 20 août 1783 et le lendemain jeudi » la distribution solennelle des prix « qui se fera au son des instrumens de musique, par *Jean-Baptiste Vassant, Ecolier de seconde, Représentant Apollon*, et qui sera précédé d'un plaidoyer sur les différens âges de la vie, etc... »

En quittant le Collège, il ne nous semble pas douteux que Vassant entra de suite dans l'ordre des Théatins ; car il professa deux ans dans leur collège de Tulle (4), à une époque qui se place entre 1785 (date de l'établissement, à Tulle, d'un groupe des Théatins de Paris) (5) et le 30 avril 1790, date de

(1) Parrain : Robert MEUNIER dit POLI ; marraine : Marie-Jeanne JALET.

(2) « Le 31 octobre 1768, Louis Vassant, marchand audit Villers, et Jeanne Remy, son épouse, vendent maison avec jardin derrière situés au lieu-dit *la rue de Margny*, à Ponce Alexandre, maréchal-ferrant, pour 965 l. argent au cours actuel de France. » (Arch. de l'Etat à Arlon).

(3) Cette affiche fait partie de la collection de M. Alfred Philippoteaux qui nous l'a communiquée avec une grande obligeance.

(4) *Sedan, il y a cent ans*, 1re partie, p. 81.

(5) *Histoire du Collège de Tulle*, par Clément-Simon ; Paris, 1892, in-8°, ch. VII.— *Le Vieux Tulle*, par René Fage, fasc. VIII *(Le Collège)*, (Tulle, 1887, in-8°). Ces deux auteurs ne prononcent pas le nom de Vassant.

la visite du Collège par les officiers municipaux de Tulle qui ne fait pas allusion à son absence. Le 1er avril 1791, Vassant, sur lequel les supérieurs de Tulle avaient fourni les témoignages les plus favorables, était choisi par la municipalité de Sedan comme professeur de seconde ; mais au refus du titulaire de la chaire de rhétorique, c'est lui qui en fut pourvu. Il devait la conserver tant que l'enseignement fut donné à notre Collège, c'est-à-dire jusque 1793 (1). Malgré qu'il n'eût plus d'élèves, il continua même à habiter sa chambrette du collège. Personne n'aurait songé à l'en expulser, tant qu'il était au pouvoir. La municipalité jacobine, qui avait établi au Collège son club et le comité révolutionnaire, y laissa même s'installer Vinmer, l'ancien aubergiste des *Trois-Maures*, un ami. Mais le représentant Roux ayant destitué Vassant de sa place de maire, le Conseil général, présidé par Oudin, décida le 7 floréal an II (26 avril 1794), qu'on ferait sortir par toutes voies Vassant et Vinmer ; la raison était que leur séjour au Collège avait occasionné la veille, à 11 heures du soir un rassemblement, « dont les effets troublent l'ordre du Comité de surveillance séant au Collège. » Vinmer, disait le Conseil, n'a jamais tenu à l'Instruction publique ; l'autre, ci-devant professeur de rhétorique, est sans écoliers et a cessé toutes fonctions, et son traitement lui a été retiré. Vaines menaces ! Vassant ne quittera son local que pour échapper, par la fuite, au mandat d'arrestation lancé contre lui.

***

Dès les origines de la Révolution, Vassant, intrigant et ambitieux, comprit qu'une grande place pourrait appartenir au chef du parti avancé à Sedan. Dans une ville modérée comme l'était alors la nôtre, le parti n'était ni nombreux ni surtout

(1) *Sedan, il y a cent ans*, 1re partie, pp. 78-79, 82-83, 168.

organisé ; composé de gens de peu d'envergure, capables seulement de se laisser mener par un homme intelligent, il attendait un chef. Vassant, âgé de 25 ans en 1790, se mit à sa tête.

Le tableau de ses débuts dans la vie politique fait l'objet d'une brochure (1) qu'il publia lui-même en forme de protestation contre sa première arrestation, celle décrétée par la Convention le 30 frimaire an II (20 décembre 1793). Nous ne pouvons mieux faire que d'y puiser les éléments de son *curriculum vitae*.

« Je déclare, dit-il, que je me suis prononcé fortement et dans le meilleur sens à toutes les époques périlleuses de la Révolution.

« J'étais membre du premier club de Sedan, composé en grande partie de muscadins et de riches. Lorsque le Tyran partit pour Varennes, je montai à la tribune, je déclamai contre lui, je l'appelai *scélérat*, je prononçai le mot de *République* ; je déclarai que je ne le reconnaissois plus pour chef du pouvoir exécutif, puisqu'il avoit quitté son poste ; je voulus porter le club à en faire autant ; on me chassa de la tribune et on voulut m'expulser de l'assemblée. Bouchotte, depuis ministre de la guerre, était présent ; il manqua d'essuyer le même traitement que moi pour avoir été de mon avis.

« Quelques jours après, l'âme encore remplie d'indignation contre Capet et sa femme, et contre les trahisons dont la France était environnée, je déclamai de nouveau, je prononçai le mot de *Panthère autrichienne* ; j'essuyai le même traitement.....

« A la Révolution mémorable du 20 juin 1792, tous les royalistes qui étaient dans Sedan, firent une adresse de condoléance au tyran.... Je détournai les citoyens d'aller signer ce chef-d'œuvre d'infamie, et cette action me valut une violente persécution de la part de l'ancienne municipalité

(1) Le titre en est donné *suprà*, p. 121, n. 1.

de Sedan, qui me fit subir un interrogatoire dans une *chambre ardente*.....

« Depuis cette époque jusqu'à celle du 10 août, éclairé par ma défiance sur la conduite du scélérat Lafayette, dont j'avais été dupe comme tous les autres, tant que je ne l'avais pas vu agir, mais que je regardai comme un traître, sitôt qu'il eût donné ses premiers coups de chapeau dans Sedan, je le dénonçai à l'opinion publique, et je soulevai contre moi, non-seulement tout le camp, mais encore toute la ville (1) à l'exception d'une vingtaine de patriotes qui gardaient le silence. On me menaça, je continuai d'écrire jusqu'au moment où l'ancienne municipalité arrêta les Représentans du Peuple et les précipita dans une prison. Alors toutes les correspondances furent arrêtées à la poste : toutes les communications furent interdites hors du département et l'on publia même qu'il n'y avait plus de représentation nationale. Une commission secrète de 48 membres fut nommée par la municipalité pour apposer les scellés sur les papiers de tous ceux qui passaient pour *factieux* et qu'on appelait dérisoirement (2) *Jacobins* (3), j'étais du

(1) Messieurs les riches surtout trouvaient très mauvais qu'un jeune homme qui *n'avait pas le sou*, osât penser *autrement qu'eux* sur le compte du singe de Monck et de son *cheval blanc* et ils ne rougissaient pas de le dire en public.

(2) « Les Jacobins (de Paris) s'appelèrent, sous la monarchie constitutionnelle, *Société des Amis de la Constitution, séants aux Jacobins de Paris*. Ce nom de Jacobins leur fut donné d'abord, pour les rendre ridicules, par les ennemis de la Révolution. Après avoir protesté contre ce surnom, les membres du Club finirent par l'adopter officiellement, au moment où l'établissement de la République les contraignit à renoncer à leur titre d'*Amis de la Constitution*. Le 21 septembre 1792, la Société (de Paris) décida qu'elle prendrait à l'avenir le titre de *Société des Jacobins, amis de la liberté et de l'égalité*. » (Aulard, *op. cit.*, t. I, pp. XXI-XXII).

(3) Dénonçant Lafayette, mais ne pouvant pas encore tout dire parce que j'aurais été assommé sur-le-champ, je m'étais mis en relation avec Milscent, auteur du *Créole Patriote*, et je lui écrivais des lettres que je datais de *Stenay*, et dans lesquelles je déchirais Lafayette à belles dents. Ces lettres éclairaient les Jacobins, et Milscent les insérait dans sa feuille.....

nombre et l'on devait commencer par moi. Je ne sais pourquoi l'affaire n'eût pas lieu, mais des officiers séduits par le charlatanisme de Lafayette, formèrent dans le café italien, le projet de venir me couper la tête chez moi, sous prétexte de me parler d'affaires politiques. Alors trop faible pour résister à l'orage, seul contre tous, n'ayant que la mort à attendre si je restais plus longtemps dans une ville en état de contre-révolution, j'en sortis dans l'intention d'aller dénoncer le scélérat Lafayette à l'assemblée législative ; je rencontrai à Reims les trois nouveaux commissaires qu'elle avait envoyés, et je leur dévoilai toute la conspiration dont je devais être la première victime avec les trois premiers Représentans du Peuple.

« Je revins après trois semaines d'absence, quoique je sçusse que les brigands de l'Autriche et de la Prusse s'étaient avancés vers Châlons, et quoique les émigrés ravageassent les environs de Sedan, qui, dénué de vivres, devait tomber en leur pouvoir à leur première attaque ; je continuai de m'y montrer toujours le même et d'y être persécuté.

« Vers la fin du mois de septembre, deux tyrannicides envoyés par Marat, Panis et Sergent (1) qui leur avaient signé un passe-port et une mission secrète, vinrent à Sedan, s'informèrent des patriotes prononcés qu'il pouvait y avoir, s'adressèrent à moi et me déclarèrent que leur intention était d'assassiner Brunswick et Guillaume ; je les encourageai, je leur donnai des indications sur la carte géographique et je leur achetai à chacun un gros couteau pour consommer le sacrifice de deux brigands couronnés ; ils furent trois semaines absens ; l'un parcourut sans succès les boues de la Champagne ; l'autre avec bien de la peine pénétra

(1) J'ai vu Sergent au caffé Beaucaine à mon dernier voyage à Paris, et j'ai eu avec lui une conversation au sujet de ces deux héros de la liberté dont il n'avait eu aucune nouvelle depuis le mois de novembre. Quiconque voudra lui en parler verra que je n'en impose à personne.

dans Verdun, à l'aide de son déguisement, rencontra le tyran de la Prusse qui n'avait aucune marque distinctive et ne le tua point, ne sachant si c'était vraiment lui. Quoiqu'il en soit du mauvais succès de cette entreprise, mon action sans doute doit être de quelque prix aux yeux de la Convention nationale.

« Depuis cet événement, dont j'ai encore des témoins à Sedan, pénétré de douleur de voir l'esprit public attiédi par les contre-révolutionnaires, je provoquai, pour le réchauffer, l'établissement d'un club de Jacobins (1). Après bien des démarches de la part de dix-sept patriotes signataires de la pétition que j'avais faite, et bien des obstacles opposés par l'ancienne municipalité, nous parvînmes à l'établir.

« Alors le renouvellement des autorités constituées arriva. Elles n'étaient composées que de riches et d'égoïstes ennemis du peuple. Je parlai aux sans-culottes et je les engageai à n'élire que des sans-culottes ; l'élection eut lieu conformément à leur vœu et l'aristocratie en reçoit le coup mortel qu'elle ne me pardonna jamais.

« Sans m'y attendre et sans y avoir la moindre prétention (mon extrême jeunesse ne me permettant pas de croire que je porterais aussi-tôt le poids des charges publiques), je fus nommé officier municipal, et le lendemain Procureur de la Commune ; ces marques de confiance de la part de mes concitoyens redoubla contre moi la fureur des aristocrates. »

Vassant fut, en effet, élu Procureur de la Commune, en remplacement de Lenoir-Peyre, le 7 décembre 1792. Il était, depuis une semaine, président de la *Société populaire* qu'il avait fondée ; il occupa d'ailleurs cette présidence à plusieurs reprises.

Etant Procureur de la Commune, Vassant lutta

(1) *Cf. Sedan, il y a cent ans*, 1re partie. pp. 138-140.

fortement pour empêcher l'arrivée des représentants Calès et Perrin, trop modérés à ses yeux. Une lettre signée de lui et écrite le 11 juin 1793 au président de la Convention fut insérée au n° 222 du journal « Le Publiciste de la République françoise par Marat. » A la séance du Conseil du 25 juin, Jean-François Fay, huissier au tribunal de Charleville, se présenta à la requête du procureur-général syndic du département, Nicolas-Constant Golzart, pour sommer Vassant de dire si cette lettre était oui ou non de sa main. Il refusa de répondre et de signer. Quand les représentants furent installés, il prépara leur rappel. En relations constantes avec la société des Jacobins de Paris (1), il fut appelé par elle comme délégué auprès du Comité de Salut public et auprès d'elle. Il fut absent du 13 septembre au 11 novembre (2).

« Les patriotes, dit-il lui-même, me députaient à Paris pour demander le rappel de Calès et de Perrin et le renvoi de Hentz et de Sébastien Delaporte ou de quelques autres membres du sommet de la Montagne. »

C'est pendant cette absence, le 1er octobre, qu'il fut nommé maire, en remplacement de l'incapable Lemoine (3).

« La place de Maire était vacante ; pendant mon absence le vœu bien prononcé de mes concitoyens me confia ce poste honorable, malgré les déclamations et la fureur de Calès. Je ne m'attendois nullement à cette élection. Je n'acceptai que sur les invitations réitérées des patriotes et qu'à mon arrivée avec Hentz et Bô que l'on désiroit avec la dernière impatience. »

A peine rentrés à Paris, les représentants firent rendre contre Vassant le décret du 30 frimaire

(1) Il avait fait à Paris un voyage en janvier 1793, dont les frais montaient à 689 l. 5 s. (Délib. du 16 juillet 1793).

(2) *Suprà*, p. 22.

(3) *Suprà*, pp. 24-25.

(20 décembre). Ils l'avaient motivé sur un rapport imprimé par ordre de la Convention (1), où nous lisons ceci :

« Vassan a été vendu de tous les tems au parti dominant ; il a prôné dans ses écrits Rochambeau, Luckner, Lafayette, Roland, dont il avoue avoir été le correspondant jusqu'à sa destitution ; à présent il fait le montagnard....

« Il répétoit sur Marat ce qu'en disoit le côté droit en janvier 1793. Il diffamoit la Montagne et inséroit dans ses écrits des diatribes qui couroient alors contre les plus chauds montagnards tels que Robespierre, Danton, etc. Ces écrits existent entre nos mains, et nous les déposerons au comité de sûreté générale (2).

« Comment cet être, né dans un village autrichien, fils naturel (3) d'un homme qui ne lui a rien laissé, court-il si fréquemment la poste ? Comment séjourne-t-il des mois entiers à Paris ? Qui paie ses dépenses ? Il court même un bruit à Sedan, qu'il salarie quelques personnes. Cela n'annonce-t-il pas un contre-révolutionnaire ? »

Pour convaincre la Convention du mépris de Vassant pour les Montagnards, ils reproduisent une de ses pièces de vers.

« *Sedan, le 16 janvier.* Comme nos concitoyens paraissent aimer beaucoup les **Noëls** et toutes les chansons auxquelles on adapte l'air des **Noëls**, nous croyons devoir contribuer à leur amusement, en leur offrant le cantique suivant, dans lequel plusieurs députés vont rendre hommage à l'enfant-Dieu dans l'étable de Bethléem, après que les mages lui ont apporté leurs présens. Le **Noël**

(1) Bibl. de Sedan : Don Cunin-Gridaine, Con I.

(2) Il s'agit d'extraits du Journal sedanais *L'ami des Loix* dont la rédaction était alors couramment attribuée à Vassant, qui repousse cette assertion. Ces extraits figurent dans le rapport contre les oppresseurs, présenté à la Convention par les députés des Ardennes. (P. C.).

(3) L'acte de naissance prouve le contraire. (P. C.)

commence au moment où les trois rois sortent de l'étable :

« Jésus crut voir Pilate
Sitôt qu'il vit Danton ;
Joseph, franc démocrate,
Le maudit sans façon.
La sainte Vierge eut peur, apercevant Rovère,
Le bœuf vit Legendre, et beugla.
L'âne vit Billaud, et trembla
Pour son foin, sa litière.

« Suivi de ses dévotes,
De sa cour entouré,
Le dieu des sans-culottes,
Robespierre est entré.
Je vous dénonce tous, cria l'orateur blême ;
Jésus, ce sont des intrigans,
Ils te prodiguent un encens
Qui n'est dû qu'à moi même.

« Tout près de Robespierre,
Joseph vit Desmoulins.
Ah ! bon jour, mon confrère,
Lui dit le saint malin.
Ah ! bon jour, cher patron, lui répondit Camille.
On rit... mais ô soudain, horreur !
Qui pourroit peindre la terreur
De la sainte famille !

« Marat entre... A sa vue,
Le bon dieu Brissotin,
De sa mère éperdue
Se cache dans le sein.
Père éternel, dit-il, quel être épouvantable !
Ah ! fais-le rentrer en enfer ;
Attends que je sois au désert,
Pour m'envoyer le diable.

« Par ma barbe ! elle est belle,
Dit Chabot ; et soudain
Il lance à la pucelle
Un coup d'œil capucin.
Quels sont vos ennemis, cria-t-il, ô Marie ?
Je suis grand surveillant, vraiment,
Et je vous les fais à l'instant
Coffrer à l'Abbaye. »

L'auteur prétendu déclare, dans sa *Défense*, n'être ni poète, ni versificateur « et la chanson attribuée était dans des journaux de Paris. » Il nous est bien difficile de résoudre ce problème, un peu vain. Disons cependant que la tradition lui impute deux poésies. La première est une pièce adressée à Varroquier fils, au moment de l'exécution de son père, membre de la municipalité de 1792. Il célèbre son héroïsme pour avoir écouté la voix de la patrie en danger (le fils était complice de la dénonciation du père) plutôt que les cris de la nature (1). La seconde, qui se chantait, paraît-il sur l'air de la *Marseillaise*, est intitulée : *Les Litanies des Saints* (2).

Elle vaut d'être rééditée ici :

Les Litanies des Saints.

CANTIQUE SPIRITUEL.

Frères, amis, chantons l'histoire
Des plus grands saints du paradis ;
Sur eux nous avons la victoire,
A la raison ils sont soumis.
Disons aux Martyrs, aux Archanges,
Aux Confesseurs, aux Chérubins,
Aux Pontifes, aux Séraphins,
Aux Vierges qu'adorent les Anges :

Vos cris sont superflus,
Vous serez tous fondus ;
Grand saints, dans nos creusets
Tombez par nos décrets.

Toi qui des plus galants mystères
Fus l'interprète et le courrier,
Tu n'iras plus aux jeunes mères
Porter le céleste olivier.
Beau Gabriel, sans tes oracles,
Naîtront nos petits citoyens,
Et les talents de nos voisins
Ne passeront plus pour miracles.
Vos cris, etc.

O Raphaël, ô fiers Archanges,
Troupe des ardents chérubins,
Séraphins brûlants, petits Anges,
Venez terminer vos destins.

(1) Ch. Pilard, *op. cit.*, 11e période, dit (dans une note) que M. le curé Rambourg en possédait une copie.

(2) *Romancero de Champagne*, t. V, Reims, 1864, in-8°, pp. 114-118. Publiée d'après la collection de M. Brissart-Binet, libraire à Reims. Le *Romancero* dit : « Ces couplets sont l'œuvre de Diagoras Wassant, maire et jacobin de Sedan. Son règne finit avec celui de M. de Robespierre. »

Trônes de la cour olympique,
Chœurs, Vertus, sacrés bataillons,
Puissances, Dominations,
Tombez devant la République.
  Vos cris, etc.

Ezéchiel, homme sauvage,
Des Prophètes le plus glouton ;
Pauvre Jonas qui fis voyage
Dans le ventre d'un grand poisson ;
Dur et larmoyant Jérémie,
Daniel des lions bien-aimé,
En cabriolet enflammé
Vous viendrez tous avec Elie.
  Vos cris, etc.

Paul qui fis cuire une vipère,
Pierre qui fis chanter un coq,
De notre civique colère
Vous ne soutiendrez pas le choc,
Jacques, Simon, compatriotes,
Au lieu de pêcher des brochets,
Croyez-moi, quittez vos filets ;
Marchez avec les Sans-Culottes.
  Vos cris, etc.

Venez, Marc, Luc, Matthias, Thadée,
Et toi, gros maltôtier Matthieu,
Barnabé, Thomas, Zébédée,
Jean, l'enfant gâté du bon Dieu ;
André, Barthélemy, Philippe,
Vous descendrez en escadron,
Avec Antoine et son cochon,
Chacun en fumant votre pipe.
  Vos cris, etc.

O Jean-Baptiste qui, sans tête,
Bois, mange, dors en paradis,
Amène, pour orner la fête,
Le guillotiné saint Denis.
Joseph, qui fut toujours sans bornes
Chéri de tous nos bons époux,
Fera descendre parmi nous
Hubert, son cerf et ses deux cornes.
  Vos cris, etc.

Saints animaux, amis fidèles
Des fous du vieux calendrier,
Baudets, Chevaux, Chiens, Hirondelles,
Vous viendrez tous jusqu'au dernier.
Nous devons chanter votre gloire,
Corbeaux, Canards, pieux Dindons,
Quand parmi les saints nous voyons
Que vous figurez dans l'histoire.
  Vos cris, etc.

François, patron de la sandale,
Prends Magdeleine par le bras :
Ne redoute pas le scandale,
Tous les préjugés sont à bas.
Que l'Egyptienne Marie,
Pauvre Julien, dans ton bateau,
Te fasse voir, en passant l'eau
De l'amour la sainte folie.
Vos cris, etc.

En vain feriez-vous résistance,
Grand saint Martin, brave soldat ;
Vous voyez en notre puissance
Christophe le Gargantua.
Nous n'écoutons point vos prières,
Saintes Nonnes du Paraclet,
Miraculeux saint Guignolet,
Saint Lié qu'on adore à Mézières.
Vos cris, etc.

Cécile, qui sais la musique :
Barbe, patronne des canons ;
Georges, qui chassez la colique ;
Nicolas, donneur de bonbons ;
Haute et puissante Cunégonde ;
Malgré tous tes nobles quartiers,
Crépin, fêté des savetiers,
Veut qu'un même creuset vous fonde.
Vos cris, etc.

Vous qu'abhorre la France entière,
Charles, Louis, lâches tyrans,
Pour vous sonne l'heure dernière :
Quittez vos autels chancelants.
Clotilde, Cloud, vieux solitaire,
Restes impurs du sang des rois,
Courbez la tête sous nos lois :
Vous n'êtes plus rien sur la terre.
Vos cris, etc.

Saints opulents, belles Madones,
Devant qui tremblent les Romains ;
Vos châsses, vos riches couronnes
Tomberont bientôt dans nos mains.
Saints de Sicile et de Galice,
Déjà je vous vois devant nous
Vous prosterner à deux genoux
Avec l'Irlandais saint Patrice.
Vos cris, etc.

Janvier, patron de la Calabre,
Ton sang se glace pour jamais ;
Le sale et fainéant saint Labre
Avec toi va dans nos creusets.

L'ardente Thérèse se pâme
Au milieu de tous ces grands saints ;
Claire, si chère aux capucins,
Dans leurs bras va rendre son âme.
Vos cris, etc.

Dorothée, Agathe, Apolline,
Donnez le bec à ces barbons ;
Marguerite, Agnès, Antonine,
Abordez les saints capuchons.
Agnès, quel sort l'on te prépare,
Toi qui, contre un jeune éventé,
Jadis de la virginité
Conservas le trésor si rare !
Vos cris, etc.

Dominique, monstre exécrable,
Inventeur de l'auto-da-fé ;
Bernard, charlatan méprisable,
Votre despotisme est passé.
Benoît, Bruno, charmants apôtres,
Maur, Norbert, redoublez le pas ;
Le grand jésuite Loyola
S'avance derrière vous autres.
Vos cris, etc.

*
* *

L'annonce de l'arrestation de son président mit le Conseil général en émoi. Dix jours après l'émission du décret, il lui décerne une « carte civique du plus pur patriotisme. » De son côté la Société jacobite lance la proclamation suivante :

La Société populaire jacobite et montagnarde de Sedan à ses frères de la Société de...........

ÉGALITÉ, LIBERTÉ, FRATERNITÉ.
RÉVOLUTION, HAINE ÉTERNELLE AUX TYRANS.
CHARRETTE, JUSTICE ET GUILLOTINE.

Déclaration des droits de l'homme. ART. 23 : La résistance à l'oppression est la conséquence des autres droits de l'homme. ART. 24 : Il y a oppression contre le corps social, lorsqu'un seul de ses membres est opprimé.

Les patriotes Vassant, Lambert, Ronsin et Vincent sont opprimés ; il y a oppression contre le corps social. La Société jacobite et montagnarde de Sedan arrête que tant que durera l'oppression sous laquelle gémissent les patriotes Vassant, Lambert, Ronsin et Vincent, le présent tableau restera suspendu dans le lieu de ses séances, et qu'au commencement et à la fin de chaque séance, son président proclamera à haute voix la formule suivante : Citoyens, les patriotes Vassant, Lambert, Ronsin et Vincent sont toujours opprimés, il y a oppression contre le corps social.

Fait en séance à Sedan le 4 pluviôse, l'an 2e de la République française, une et indivisible et impérissable.

Signé : L'ENFANT, président, CAYROL et WYRION, secrétaires.

Pour copie conforme VINMER, secrétaire-général de la Société, et membre du comité révolutionnaire.

Le 9 pluviôse (28 janvier 1794), Vassant est, par ordre du représentant Phlégier, renvoyé chez lui en arrestation sous bonne garde. Mais le 18, après avoir entendu son Comité de sûreté générale, la Convention décrète qu'il sera mis en liberté et rendu à ses fonctions. Le 24, il reprend la présidence du Conseil. Ce n'était pas pour longtemps.

A peine arrivé à Sedan, Roux, ayant demandé communication de la composition du Conseil, rend un arrêté nommant maire, Oudin (2 germinal, 22 mars) et supprimant Vassant du nombre des officiers municipaux.

Néanmoins, il conservait encore des fonctions politiques qui lui laissaient une grande influence. Hentz, Massieu et Bô l'avaient nommé membre du Comité révolutionnaire de Sedan, le quartidi de la 2e décade de brumaire an II (14 brumaire, 4 novembre 1793), avec : Varroquier fils, Herbulot, La Chapelle (officiers municipaux), Parpêtre, Giraud, Boucher l'aîné, Halma père, Caratin dit Le Compte, Jacob-Willème, Huart l'aîné, Simon Robert, notaire (1). Il était aussi membre et secrétaire du Comité de Salut public du département à Mézières, dont Mogue était vice-président ; Brion, Baraux, Enouf et Boutin en étaient les autres membres (mai 1793).

Pendant toute la Terreur, Vassant se fit le dénonciateur d'un grand nombre de modérés. Sa correspondance avec Mogue et consorts en fait foi. Et l'on sait qu'il eut une part dans l'arrestation de la Municipalité de 1792.

(1) A Sedan, imp. de C. Bauduin. Imprimé 4 pp., in-4°.

Après le 9 thermidor, Delacroix, envoyé dans les Ardennes pour s'enquérir des actes des robespierristes, n'eut pas de peine à réunir contre eux, même avant son arrivée à Sedan, et grâce au concours des députés ardennais, des témoignages en nombre suffisant pour les faire arrêter. Nous savons par les procès-verbaux de la Société jacobite que les scellés furent apposés chez les principaux chefs de la faction terroriste, une dizaine de jours après la chute de Robespierre. Pourtant, confiants encore dans leur bonne étoile, ils ne songeaient point à s'enfuir. Vassant était encore au club le 7 fructidor. Mais, mis au courant de ce qui l'attendait, il s'enfuit du Collège une nuit pour se retirer avec son ami, Boucher le jeune, à Villers-devant-Orval. Arrêtés sur la dénonciation d'un laboureur « qui n'avait jamais pardonné à Vassant de l'avoir un jour traité publiquement *d'enfant de moine,* » Boucher et lui furent conduits à la citadelle de Montmédy.

Ils parvirent à s'en échapper. La lettre suivante imprimée fut adressée aux autorités (1) pour tâcher de les reprendre :

LIBERTÉ — ÉGALITÉ — RÉVOLUTION

Sedan, le 19 vendémiaire l'an 3me [10 octobre 1794]
de la République françoise, une et indivisible.

L'Agent national près le District de Sedan,
A

Je............. de faire les recherches les plus exactes pour arrêter le nommé Vassant, prévenu de crimes contre-révolutionnaires, qui vient de s'échapper de la maison d'arrêt de Montmédy, département de la Meuse, où il avoit été traduit par ordre du représentant du peuple Charles Delacroix,..................
..............bien de me faire part de vos succès à cet égard.
Salut et fraternité.

DEBEYNE.

Cette pièce est accompagnée du signalement de Vassant : « *Jean-Baptiste Vassant, Autrichien de naissance, ci-devant agent national près le*

(1) Arch. nationales D, § 1, N° 13.

district de Sedan, âgé de 27 ans et demie (sic), *taille de cinq pieds, cheveux blonds et courts, sourcils idem, yeux bleux, nez moyen, bouche petite, menton ordinaire, front dégagé, visage rond et assez menu* (1). »

Que devint-il ensuite ? On l'ignore.

Des légendes ont couru sur son compte. Il paraît que, trente ans après la Révolution, il revint à Sedan, d'où il regagna la Belgique qu'il habitait. Il mourut, on ne sait où, on ne sait quand (2).

(1) M. Ch. Pilard, *op. cit.*, 12e période, donne (en note) un signalement à peu près semblable ; un seul détail est ajouté : « visage rond, assez menu *et coloré.* »

(2) Les détails sur la fuite et la fin de la vie de Vassant sont empruntés à M. Ch. Pilard, *loc. cit.*

ADDITIONS ET CORRECTIONS

PREMIÈRE PARTIE

P. 36, l. 11 : *Au lieu de* 1890, *lire* 1790.

P. 39, l. 10 : *Au lieu de* telle, *lire* belle.

P. 45, l. 8 : *Au lieu de* trouvez, *lire* trouver.

P. 51 : *Ajouter* : L'auteur de l'*Almanach historique*, etc..., *pour l'année 1791* est Mathieu Bouhon, secrétaire du conseil des prudhommes et vérificateur des poids et mesures à Sedan, né à Mézières le 14 juillet 1767, mort à Balan en 1858 ; il figure parmi les souscripteurs de Boulliot (Cf. Stéphen Leroy, *l'Assemblée du District de Sedan*, dans *la Révolution française*, N° du 14 juin 1893).

P. 66, l. 31 ; 67, l. 8 : *Au lieu de* Bouilliot, *lire* Boulliot.

P. 85 : *Ajouter :* Il paraîtrait, d'après le « Rapport sur l'état des Congrégations religieuses de femmes (1816-1819) » (arch. de Sedan, série P, art. 15, c^{on} X²) que les sœurs de Saint-Vincent-de-Paul fondèrent, en 1779, une école gratuite au faubourg de la Cassine. Le capital de cette fondation fut, à la révolution, mobilisé pour les deux tiers ; réduit au tiers, il ne produisait plus en 1819, date de notre document, qu'une rente de 133 francs.

P. 99 : *Ajouter* : L'école de Thiaucourt, dirigée par une des filles de l'Ouvroir de Sedan, fut fondée en 1766 (arch. dép. de Meurthe-et-Moselle, B, 1197).

Le « Rapport » cité ci-dessus donne aussi quelques renseignements sur cette congrégation. Les dames de l'Ouvroir (Sainte Famille, Jésus, Marie, Joseph) ont été instituées en 1750 seulement, par M. l'Archevêque de Reims (plus exactement en 1752), et sous la qualification d'institution pieuse, qui a pour but l'instruction de la jeunesse. Ces dames ont été jusqu'au nombre de vingt y compris celles des campagnes, mais il n'en a existé que 6 ou 8 à Sedan. Il n'en reste maintenant que trois et une postulante qui demeurent dans leur maison rachetée de leurs propres deniers. Cette ancienne congrégation n'a plus de chef. — Nous ignorons, quant à nous, à quelle date précise elles quittèrent définitivement Sedan, en notre siècle.

P. 103 : *Ajouter :* Une copie de l'arrêt du Parlement de Metz, portant homologation de la délibération des officiers municipaux de Sedan, du 25 octobre 1762, qui décide l'acceptation d'une somme de 8,000 livres pour l'établissement des Frères dans ladite ville, se trouve aux *arch. comm. de Verdun* (Meuse), GG, 233.

P. 104, l. 26, l. 29 ; 107, l. 3 : *Au lieu de* Veimer, *lire* Vinmer.

P. 106 et 205 : *Ajouter :* La maison à l'enseigne des *Trois-Maures* fut vendue le 15 ventôse an III, pour 60,600 livres, à Briet, de Francheval (arch. dép. des Ardennes, Q, 298, fol. 23 r°) (communication de M. Ernest Henry).

P. 107 : *Ajouter :* En 1774, les Frères ont trois écoles (Réponse de N. Philbert, curé de Sedan, au questionnaire de l'archevêque ; *arch. de l'Archevêché, à Reims*).

En 1780, les officiers municipaux demandent l'envoi d'un cinquième frère, « quatre écoles de cent enfants chacune ou environ étant devenues insuffisantes pour la foule qui s'y présentoit » (*Arch. comm. de Verdun*, GG, 233). — Nous supposons que ce cinquième frère, obtenu, fut envoyé au Petit-Quartier (rue Crussy).

P. 130, l. 2 : *Au lieu de* ayant, *lire* devait.

P. 142, l. 28 : *Au lieu de* ROSTOLLAUD, *lire* ROSTOLLANT.

P. 249 : *Ajouter :* En 1745, il y avait à Sedan 1,703 chefs de famille et 8,285 bouches autres, soit 9,988 habitants.

P. 159 : *Ajouter* au § I (faubourg du Ménil) : Le cimetière Saint-Jean, où l'on enterrait les morts du Fond-de-Givonne et de la ville (pour la partie à droite d'une ligne partant de l'Isle et allant à la rue Haute, — probablement la rue [Villers] d'En Haut — exclusivement) subsista jusqu'en 1809. (A. Depoix, dans *Souvenirs sedanais,* par Henry Rouy, t. VIII, pp. 356, 357). Il occupait l'emplacement où furent plantés ensuite les platanes du Fond-de-Givonne, aujourd'hui oubliés, mais, par quelques-uns, encore regrettés.

P. 160. La rue de la Charrue s'appelait, en l'an III, déjà, *rue Baile,* comme à l'heure actuelle elle s'appelle rue de Bayle. Nous connaissons ce détail important par l'adjudication de la maison *dite des Pauvres* (ancienne maison des Douze Apôtres), le 15 ventôse an III (*Arch. dép. des Ardennes,* Q. 298, fol. 23 r°). — Nous déterminerons prochainement dans un article sur « Bayle à Sedan » quelle fut la maison qu'il habita en cette rue.

P. 163. En 1697, deux chapelles de l'église Saint-Laurent étaient encore affectées à l'inhumation ; on payait 50 livres pour s'y faire enterrer (A. Depoix, dans *Souvenirs sedanais,* par Henry Rouy, t. VIII, p. 356).

P. 189. C'est par erreur que nous avons dit que la rue Saint-Michel garda son nom pendant la Révolution. Elle s'appelait, le 15 ventôse an III, *rue Lepelletier,* en l'honneur de Lepelletier de Saint-Fargeau *(Arch. dép. des Ardennes,* Q. 298, fol. 23 r°) (communication de M. Ernest Henry).

P. 190. Une autre erreur relative au n° 9 de la rue des Francs-Bourgeois nous a été obligeamment signalée par M. Stéphen Leroy. D'Estagniol n'habitait plus cette maison pendant la Révolution, car il l'avait vendue, le 7 mars 1789, à Rolin et Brazy et s'était retiré dans sa terre de famille, au diocèse de Béziers.

P. 193, l. 17 : *Au lieu de* Angron, *lire* Augron.

SECONDE PARTIE

P. 1. *Ajouter :* Nous avons écrit (à la p. 192 de la 1re partie), que ce mémoire avait été dressé, suivant un on-dit, dans le but de livrer la place à l'Autriche. Cette opinion s'appuie sur le passage suivant de l'*Acte d'accusation contre les oppresseurs du département des Ardennes,* relatif à Vassant :

« 9° Pour avoir pratiqué des manœuvres avec les ennemis de la France tendantes à leur livrer la forteresse de Sedan, par suite desquelles manœuvres il demandait au commandant de la place un tableau de sa situation et de ses forces. »

P. 30, l. 2 : *Au lieu de* Angron, *lire* Augron.

P. 32, l. 13 : *Au lieu de* prescription, *lire* proscription.

P. 39, l. 14 : *Au lieu de* ROSTOLLAU, *lire* ROSTOLLAN.

P. 64, l. 9 : *Ajouter* : Mis en arrestation le 19 frimaire.

P. 71, n. 1 : *Rectifier ainsi la cote :* Lc² 940 ter.

Page 102, § IV, *lire au lieu des chiffres portés :* 6 s. 6 d., 5 s. 1 d., 6 s. 6 d., 7 s. 6 d.

					l.	s.	d.
Page	103,	ligne	8,	*lire :*	»	2	4
—	103,	—	12,	—	»	11	4
—	105,	—	19,	—	2	4	»
—	107,	—	40,	—	14	10	4
—	108,	—	16,	—	6	5	4
—	108,	—	19, 22 et 27,	—	5	10	4
—	108,	—	20,	—	3	10	6
—	109,	—	12,	—	3	10	6
—	109,	—	16 et 20,	—	5	10	4
—	109,	—	18 et 22,	—	6	9	1
—	109,	—	32,	—	4	5	4
—	109,	—	34 et 38,	—	3	10	6
—	109,	—	36 et 40,	—	2	15	6
—	109,	—	37,	—	2	10	4
—	110,	—	1,	—	2	10	6
—	110,	—	2,	—	2	»	6
—	110,	—	3,	—	1	15	4
—	110,	—	7 et 10,	—	1	»	4
—	110,	—	8,	—	1	13	1
—	111,	—	8,	—	»	8	4
—	111,	—	10,	—	»	4	6
—	111,	—	30,	—	3	10	6
—	112,	—	20, *au lieu de* 10, *lire* X.				
—	112,	—	21, — 20, — XX.				
					l.	s.	d.
—	112,	—	26,	*lire :*	2	4	4
—	112,	—	27,	—	2	10	4
—	112,	—	31,	—	5	10	4
—	113,	—	35,	—	1	15	4
—	113,	—	36,	—	1	3	6
—	113,	—	37,	—	3	10	6
—	113,	—	38,	—	2	10	6
—	114,	—	8,	—	3	5	4

TABLE

Sedan. — Imp. EMILE LAROCHE, rue Gambetta, 22.

PUBLICATIONS

DE LA

SOCIÉTÉ D'ÉTUDES ARDENNAISES

I

EXCURSION DE « LA BRUYÈRE » DANS LE BASSIN DE L'OURTHE, par A. DONNAY, in-8° (56 pages). — Sedan, J. LAROCHE, 1890 *(épuisé)*.

II

ANNUAIRE 1892 DE LA SOCIÉTÉ D'ÉTUDES ARDENNAISES « LA BRUYÈRE », brochure in-8° (32 pages). — Sedan, 1893. — Prix : 1 fr.

III

SEDAN IL Y A CENT ANS, 1re partie (1790-1793), avec une planche en fac-simile, par Paul COLLINET, un volume in-8° (VII-207 pages). — Sedan, J. LAROCHE, 1893. — Prix : 2 fr. 50.

IV

SEDAN IL Y A CENT ANS, 2me partie (1793-1794), par Paul COLLINET, un volume in-8° (180 pages). — Sedan, E. LAROCHE, 1899. — Prix : 2 fr. 50.

V

EXCURSION DANS L'ARDENNE LUXEMBOURGEOISE, par L. JURION, A. DONNAY et P. COLLINET, un volume in-8° (38 pages). — Sedan, J. LAROCHE, 1896. — Prix : 1 fr. 25.

VI

SEDAN ! poème par Jules MAZÉ (d'après le Monument exécuté pour la ville de Sedan par le sculpteur A. Croisy). — Paris, J. ROUAM et Cie, 14, rue du Helder ; Sedan, *Société d'Études ardennaises*, 1897. — Prix : 0 fr. 25.

REVUE D'ARDENNE & D'ARGONNE :

1re année (1893-94) complète, 6 Nos. — Prix : 7 fr. (rare).
2me année (1894-95) complète, 6 Nos. — Prix : 5 francs.
3me année (1895-96) complète, 7 Nos. — Prix : 5 francs.
4me année (1896-97) complète, 6 Nos. — Prix : 10 fr. (très rare).
5me année (1897-98) complète, 7 Nos. — Prix : 5 francs.
6me année (1898-99) en cours de publication.

Chaque numéro séparément : 1 franc.

Quelques numéros ne se vendent plus seuls.

www.ingramcontent.com/pod-product-compliance
Ingram Content Group UK Ltd.
Pitfield, Milton Keynes, MK11 3LW, UK
UKHW021045200726
13857UKWH00003B/833

9 782013 022682